법학의 학문으로서의 무가치성

Die Wertlosigkeit der Jurisprudenz als Wissenschaft

법학의 학문으로서의 무가치성

2019년 5월 20일 초판 발행
2022년 4월 30일 중판 발행

지은이 율리우스 헤르만 폰 키르히만 | 옮긴이 윤재왕
펴낸이 안종만 · 안상준 | 펴낸곳 ㈜박영사
등록 1959.3.11. 제300-1959-1호(倫)
주소 서울특별시 금천구 가산디지털2로 53, 210호
        (가산동, 한라시그마밸리)
전화 (02) 733-6771 | 팩스 (02) 736-4818
홈페이지 www.pybook.co.kr | 이메일 pys@pybook.co.kr

편집 이승현
기획/마케팅 조성호
표지디자인 조아라
제작 고철민 · 조영환

ISBN 979-11-303-3416-5 (92360)

이 도서의 국립중앙도서관 출판예정도서목록(CIP)은 서지정보유통지원
시스템 홈페이지(http://seoji.nl.go.kr)와 국가자료공동목록시스템(http://
www.nl.go.kr/kolisnet)에서 이용하실 수 있습니다.
(CIP제어번호 : CIP2019018224)

정 가   9,000원

법학의
학문으로서의
무가치성

율리우스 헤르만 폰 키르히만 지음
윤재왕 옮김

Die Wertlosigkeit der Jurisprudenz als Wissenschaft

박영사

차례

서언

이 책을 출간하게 된 가장 직접적인 계기는 많은 지인들의 소망이었다. 나 자신 역시 익숙하지 않은 생각을 제기했던 강연에서 불가피하게 수반되는 오해와 혼란을 불식시키는 데에는 강연을 책으로 출간하는 것이 최상의 수단이라고 여겼기 때문에 지인들의 소망에 기꺼이 응하게 되었다.

강연했던 내용을 그대로 출간하기 때문에 표현이 구어 형태로 되어 있다는 점에 대해 독자들의 양해를 구한다. 내용의 대부분이 사전에 작성한 원고를 읽은 것이 아니라, 자유롭게 말한 것이기 때문에 구어 형태 그대로 출간하는 것이 불가피했다.

오늘 행할 강연의 주제는 내가 이 주제와 관련된 문제가 갖고 있는 심오한 진실에는 별로 신경 쓰지 않은 채 그저 신랄한 내용의 명제를 제시하는 데에만 급급하다는 추측을 불러일으킬 소지가 많다.

나는 일단 그와 같은 추측이 단순한 오해일 따름이라는 점을 지적하고 싶다. 물론 나의 강연 주제를 그런 식으로 다루는 것은 능숙함을 발휘하기만 한다면 나름 의미가 있고, 흥미를 불러일으킬 수 있을지도 모른다. 하지만 베를린 법률가협회와 협회 회원 여러분들에 대해 내가 갖고 있는 존경심 때문에 나는 결코 이 강연 주제를 그런 식으로 다루지 않을 것이다.

그렇기 때문에 오늘 영광스럽게도 여러분 앞에서 강연하는 모든 내용이 곧 나의 확신이고 내가 설령 진실에

도달하지 못할지라도 최소한 진실을 목표로 삼았다는 사실을 미리 분명하게 밝혀두고자 한다.

내가 제기하고 있는 주제는 의미의 이중성이라는 문제점을 안고 있다. 즉 법학의 학문으로서의 무가치성은 "법학이 학문이기는 하지만, 학문이라면 마땅히 국민의 현실과 삶에 영향을 미쳐야 하는데도 법학은 그렇게 하지 못하고 있다"는 의미일 수도 있고, "법학은 이론적으로 볼 때 학문으로서는 무가치하고, 따라서 결코 학문이 아니고 학문의 진정한 개념에 도달하지 못한다"는 의미일 수도 있다.

이러한 이중적 의미가 나의 주제에도 은연중에 스며들 수밖에 없다는 사실을 나는 결코 부정하지 않고자 한다. 다시 말해 이 두 가지 방향의 의미가 내가 여러분에게 말하고자 하는 내용을 표현해주고 있다.

물론 이 말은 어쩐지 이상하게 들릴 것이다. 왜냐하면 법학의 신성함과 고결함은 여전히 한 치도 변화하지 않았고, 일반적으로 인정을 받고 있기 때문이다. 하지만 일상의 경험을 통해 법학의 신성함과 고결함이라는 대전제에 대해 의심과 걱정을 품게 만들기에 충분한 많은 현상들을 접하게 된다. 실무 법률가들 가운데 자신의 일에 대해 무언가 공허하고 불만스러운 느낌을 자주 갖지 않는 사람이 누가 있겠는가? 여러 학문분과들의 문헌들 가운데 탁월한 내용을 담은 책도 있지만 아둔하고 지루하며 조잡하기 짝이 없는 내용의 책들도 있기 마련인데 법학만큼 끔찍한 책이 난무하는 분과가 어디 있겠는가? 성스러운 정의의 여신은 오늘날에도 여전히 국민들에게는 조롱거리일 따름이다. 그리고 심지어 교양인들조차도 자신이 설령 법적으로 옳은 편에 있더라도 법의 손아귀에 들어가는 일은 두려워한다. 그가 법의 손으로 움직이는 형식과 절차 속에서 제 방향을 찾는 일은 정말 어려운 일이기 때문이다. 그 많은 법률이 있는데도 또 얼마나 많은 공백이 있는가! 법을 다루는 공무원이 그렇게 많은데도 재판은 또 얼마나 느린가! 그렇게도 많은 연구와 학문적 성과가 쌓여 있는데도 이론과 실무는 또 얼마나 많은 불명확성과 불안정성을 겪고 있는가! 법의 실현을 최상위의 과제로 삼고 있는 국가가 법을 다룰 때에는 그렇게도 많은 돈을 지불해야 하도록 만들어 놓았다는 말인가!

습관은 감각을 무디게 만드는 힘을 갖고 있어서 상당히 훌륭한 법률가들마저도 이러한 현상들에 대해 별 관심을 갖지 않은 채 지나치기 일쑤이고 일반인들이 이 문제에 대해 입을 열면 그럴듯한 표현을 동원해서 이 문제를 이해할 수 없다는 식으로 대꾸한다. 그러나 이러한 현상들은 너무나도 지속적인 현상이어서 무언가 심각한 오해가 있음에 틀림없다는 사실에 대한 확실한 징후쯤으로 치부해버릴 수 없으며, 이 현상들이 매우 중요한 의미를 지니고 있어서 그 기저에 놓여 있는 근본적인 원인을 밝혀보기 위한 노력은 아마도 존경하는 청중 여러분의 관심에도 부합하리라고 생각한다.

법학은 다른 모든 학문들과 마찬가지로 독자성, 자유 그리고 독립성을 갖고 그 자체로 존재하는 대상을 다루고 있고, 이 대상 자체는 학문이 존재하는지 여부 그리고 학문이 이 대상을 이해하는지 여부에 관계없이 존재한다. 이 대상은 바로 국민 속에 살아 숨 쉬고 있고 각 개인의 삶의 범위 속에서 실현되고 있는 법이다. 이러한 법을 아마도 자연적인 법[1]이라고 부를 수도 있을 것이

---

1) 강연 전체에서 드러나듯이 키르히만이 말하는 '자연적인 법(natürliches Recht)'은 어떤 영구불변의 이념으로서의 자연법을 뜻하지 않는다. 철학적으로 경험적 실재론자였던 키르히만은 그와 같은 이념적 자연법을 거부한다. 그가 말하는 '자연적인 법'은 당연한 이치, 사물의 본성 등과 같이 각각의 시대

다. 학문과 대상 사이의 이러한 관계는 다른 학문에서도 찾아볼 수 있다. 자연은 자연과학의 대상이지만, 생리학이 어떤 꽃과 동물의 존재와 힘을 알고 있는지에 전혀 관계없이 꽃은 피고 동물은 살아간다. 단순한 사고 활동을 통해 표출되는 정신은 논리학의 대상이지만, 인간은 논리학이라는 학문이 형성된 이후에도 그 이전과 똑같이 느끼고 생각한다. 수학 역시 이 학문 스스로 만들어낸 대상을 다루지 않는다. 즉 공간이나 숫자의 관계는 그 자체 추상적이긴 하지만, 어쨌든 현실로부터는 상당히 벗어나 있다. 예를 들어 피타고라스 정리는 피타고라스가 이 정리를 발견하기 이전에도 진리였다. 심지어 철학마저도 진정하고 절대적이며 영원한 것을 대상으로 삼고 있고, 철학이라는 학문은 바로 이러한 대상을 철저히 밝혀야 한다.

최근의 철학은 대상과 학문 사이의 이러한 대립을 지양하려고 노력하고 있다. 하지만 이에 관해서는 여기서 자세히 설명하지 않아도 무방할 것이다.

와 장소에 따라 누구나 당연하다고 여기는 내용의 법을 뜻한다. 그 때문에 키르히만은 —이 역시 강연문에 드러나 있다— 민중의 '법감정'을 중요하게 여긴다.

존재와 인식이 일치한다는 생각[2]은 위대한 사상가들조차도 단지 이들의 사상적 체계의 정점에서만 고수하고 있을 뿐, 체계의 정점으로부터 아래로 내려오면 올수록 이 사상가들에게서도 존재와 인식의 대립이 다시 표출된다. 그리하여 존재와 인식이 일치한다는 사상에서도 체계의 정점으로부터 멀어진 단계에서는―이 사상에 따를 경우―자연은 자연이 아니라, 다른 존재의 형태를 가진 이념[3]임에도 불구하고 자연은 이념에 대립되는 객관적인 존재로 여겨진다.

법학의 대상은 법이고, 자세히 고찰해보면 혼인, 가족, 소유권, 계약, 재산상속, 신분의 차이, 정부와 국민의 관계, 국가 상호간의 관계 등과 같은 다양한 형태들을 갖고 있다. 학문에 대해 법이 갖고 있는 이러한 독자성은 매우 중요한 의미를 갖는 원칙이다. 이 원칙을 의심하거나 제한하려는 경우도 자주 있지만, 이 원칙의 타당성을 조금의 의심도 남기지 않고 설명하는 데에는 단

---

2) 키르히만이 염두에 두고 있는 것은 당연히 헤겔에서 절정에 도달한 독일 관념론이다.
3) '다른 존재의 형태를 가진 이념으로서의 자연'이라는 표현은 헤겔의 『자연철학(Die Naturphilosophie)』 § 247에 등장한다.

순한 사고만으로 충분하다. 즉 한 국민은 법학이 없어도 얼마든지 존립할 수는 있지만, 법이 없이는 존립할 수 없다. 그 때문에 법학에 대해 생각을 해보거나 법학이 시작될 수 있기 훨씬 이전에 이미 법이 상당히 많은 발전을 이룩하고 있어야만 한다. 이는 공화국이 몰락할 때까지 로마인들에게도 그러했고, 주석학파(Glossatoren)[4]가 등장하기 이전까지의 게르만 민족이나 로만계열 민족들에게도 그러했다.

이 지점에서 아마도 다른 학문분과의 대상들과는 달리 법이 갖고 있는 차이점 때문에 의문을 품을 수도 있다. 즉 법은 지식의 한 요소이고, 이 요소는 이미 학문의 대상으로서의 법에 내재하고 있다는 차이점을 강조할 수도 있다.

물론 이러한 차이점은 충분한 타당성을 갖고 있다. 한 국민은 법학이 없더라도 자신의 법(권리)에 관한 지

---

4) 11세기 후반부터 볼로냐 등 북부 이탈리아 지방에서 유스티니아누스 법전(Corpus Iuris Civilis), 특히 학설휘찬(Digestia)의 이해를 돕기 위해 로마법 텍스트 여백에 간략한 언급(glossae marginales)을 달았던 법학자들의 학파를 지칭한다. 대표적인 인물은 이 학파의 창시자인 이르네리우스(Irnerius)와 12~13세기의 아쿠르시우스(Accursius)이다.

식을 갖고 있다. 하지만 그러한 지식만으로는 학문이 되지 않는다. 왜냐하면 이러한 지식은 감정이나 자연적인 센스라는 막연한 영역에 속하고, 그저 개별적인 사례에 국한된 법에 관한 지식일 따름이기 때문이다. 물론 이러한 지식도 나름의 추상적 명제와 나름의 격언을 포함하고 있긴 하지만, 이러한 명제와 격언에 학문적 의미를 부여하기에는 학문과 상당히 거리가 있고, 그 때문에도 이러한 명제와 격언이 자주 적용되기도 하지만 적용되지 않기도 한다. 따라서 이와 같은 지식에서는 개별 사례가 결정적인 의미를 가질 뿐, 어떤 규칙이 의미를 갖지는 않는다. 이 점과 관련해서는 언어학이 매우 적절한 비교대상이 된다. 언어학의 대상 역시 지식이라는 요소를 포함하고 있다. 이를 통해 개인은 언어를 사용하면서 격과 시제를 정확하게 적용할 수 있고, 문법까지 정확히 알고 있을지라도 언어학을 알지는 못하고, 심지어 언어학이라는 이름조차 알지 못한다.

이렇게 볼 때 법학의 과제는 다른 모든 학문과 마찬가지로 대상을 이해하고 법칙을 발견하며 궁극적으로는 개념을 창조하는 일이며, 형성된 개념들의 유사성과 연관성을 인식하고 종국적으로는 법학의 인식을 하나

의 명확한 체계로 집약하는 일이다. 그러므로 나의 주제
는 다음과 같은 질문으로 분해할 수 있다. 즉 법학은 이
러한 과제를 어떻게 해결해 왔는가? 법학은 특히 다른
학문들과 비교해볼 때 어떻게 해왔는가? 법학은 다른
학문보다 더 앞서나가 있는가 아니면 다른 학문에 뒤쳐
져 있는가?

혹자는 앞에서 언급했던 지식의 요소, 즉 이미 대상
자체에 처음부터 내재하고 있는 요소가 법학으로 하여
금 다른 학문들에 비해 더 유리한 입장을 갖게 만든다고
생각할지도 모른다. 하지만 현실은 그러한 생각과는 반
대로 흘러왔다는 것을 역사가 잘 보여주고 있다. 그리스
에서는 다른 모든 학문이 상당히 발전했는데도 불구하
고 오로지 법학만이 ― 공법은 예외이다 ― 전혀 형성되
지 못한 상태에 머물러 있었다. 그 때문에 로마의 법률
가들은 황제치하에서 형사법 및 민사법과 관련해 그리
스인들이 이루지 못했던 것을 만회했고, 더욱이 법학적
연구는 다른 학문들을 앞질렀다. 로마 법학자들의 연구
를 토대로 삼을 수 있었던 중세에는 오랜 기간에 걸쳐
계속 이 상황이 유지되었다. 그러나 베이컨Francis Bacon의
시대부터 상황은 완전히 변하게 된다. 관찰의 원칙, 즉

13

사변을 경험 — 로마 고전기 법학의 탁월함도 기본적으로 경험에 힘입은 것이다 — 의 하위에 놓는 것은 모든 학문에 의해 수용되었고 이 새로운 방법이 낳은 결과는 빠른 시간 내에 거의 기적에 가까울 정도로 놀라운 상태에 도달했다. 즉 새로운 발견에 다시 새로운 발견이 뒤따르는 축적이 이루어졌다. 예전에는 한 세기가 몽상적인 사변을 통해 마치 확실한 것인 양 착각했던 내용을 그 다음 세기에 다시 그 전 세기보다 더 나을 것 없는 또 다른 사변을 통해 폐기했을 뿐이었다면, 이제는 확고한 기초와 토대를 획득하게 되었다. 한 세기의 연구와 발견은 그 다음 세기에도 확고한 토대로 남아 있게 되었고, 이 토대 위에서 건축이 지속되었으며 이제는 놀라울 정도의 높이에 도달했다. 이에 반해 법학은 베이컨의 시대 이후 아무리 높게 쳐주더라도 정체상태에 머물러 있을 뿐이다. 즉 법학의 규칙, 법학의 개념은 그 이후 결코 더 뚜렷한 표현을 담아내지 못하고 있다. 학문적 논쟁은 줄어든 것이 아니라, 더 많아졌지만 힘겨운 노력을 거듭한 연구가 마침내 확고부동의 결과에 도달했다고 믿었던 경우조차도 한 세기가 지나면 마치 그런 연구가 존재하지도 않았던 것처럼 흔적도 없이 사라져버리고, 논쟁은 처음부터 다시 시작하게 된다. 쿠야시우스Jacques Cujasius[5]나 후고 도넬루스Hugo Donellus[6] 또는 오토마누스Francius Hotomanus[7]나 두아레누스Franciscus Duarenus[8]의 저작은 지금도 모범으로 여겨지고, 오늘날에도 이보다 더 나은 연구 성과를 보여주지 못한다. 이 점은 법학의 거장들도 인정하고 있는 측면이다.

그러나 나는 이런 식의 외면적 고찰만으로 문제에 대한 논의가 끝났다거나 나의 과제를 해결했다고 주장할 생각이 없다. 나의 주제를 뒷받침하는 직접적 증거를 제시하기 위해서는 학문에 대한 일반적 개념정의를 제시하고, 이러한 개념정의에 비추어 법학의 역량과 성과가

---

5) 1522~1590년. 당대 최고의 로마법 학자로 인정되던 프랑스의 법률가. 프랑스 이름은 Jacques de Cujas이다.

6) 1527~1591년. 프랑스의 법률가. 프랑스 이름은 Hugues Doneau. 유스티니아누스 법전을 법전의 순서대로가 아니라, 논리적 순서에 따라 재편함으로써 후대의 로마법 연구에 획기적인 계기를 마련했다.

7) 1524~1590년. 프랑스의 프로테스탄트 법률가. 프랑스 이름은 François Hotoman. 왕권과 대립한 혁명적 법률가로 알려져 있다.

8) 1509~1559년. 프랑스 이름은 François Douaren. 인문주의의 관점에서 로마법을 재해석한 (앞의 세 사람을 포함한) 학파의 선구자. 특히 1544년에 출간한 채권법 주석서로 유명.

과연 학문 개념에 부합하는지를 검토해보아야 한다. 하지만 이와 같은 방법은 그 자체 커다란 난점을 안고 있을 뿐만 아니라, 나의 강연에 허용된 제한된 시간 내에 이러한 방법을 온전히 수행하는 것은 불가능하다. 설령 이 방법을 여기서 다룰지라도 그 결과는 단지 표면적인 것에 그칠 뿐, 학문의 개념과 법학의 역량 사이에 존재하는 편차가 어떠한 내재적 원인에 따른 것인지를 인식할 수는 없을 것이다. 그렇기 때문에 나는 다른 길을 모색하고자 한다. 즉 법학의 무가치성에 관한 나의 주장이 옳은 주장이라면, 일단 이 무가치성이 개인과 학자의 책임에 기인한 것일 수 없다는 점이 분명하게 밝혀진다. 물론 일정한 시기에 걸쳐 어떤 학문이 퇴보상태에 머물러 있는 것은 그 당시에 학문을 관리하는 학자들의 책임이라고 말할 수 있는 사례도 있다. 하지만 학문 자체가 수천 년에 걸쳐 존재하고 있는데도 여전히 퇴보상태에 머물러 있다면 그것이 학자들의 책임이라고 말하는 것은 불가능하다. 그런 식으로 책임을 전가하는 것은 지향하는 대상이 무엇이든, 어떠한 대상을 원하든 관계없이 언제나 똑같이 힘이 넘치는 인간 정신의 본성에 반한다. 그렇기 때문에 법학이 진정으로 다른 학문에 비해 퇴보

상태에 있다면, 그 이유는 인간 정신이 아니라 오로지 대상 때문일 수밖에 없다. 즉 대상 자체에 내재하고 있는 어떤 비밀스러운 힘이 가로막고 있어서 이 대상 영역에서 발휘되는 인간 정신의 노력을 방해하고 있기 때문이다. 따라서 나의 주제를 탐구하기 위해 걸어야 할 더 올바른 길은 법학의 대상과 다른 학문분과의 대상을 비교하는 일로 시작하는 것이다. 나의 주제를 다루기 위한 이 방식은—이 방식이 성공을 거둔다는 전제하에—두 가지 장점이 있다. 하나는 내가 표방하는 명제 자체에 대한 증거를 확보할 수 있다는 장점이고, 다른 하나는 이 명제의 근거에 대한 통찰을 도모할 수 있다는 장점이다.

이와 같은 비교의 방법을 적용해보면 비교를 통한 관찰을 거쳐 다른 학문의 대상들에서는 찾아볼 수 없는, 법이라는 대상 특유의 차이점을 여러 가지 확인할 수 있다.

비교를 통해 드러나는 가장 뚜렷한 특성은 법학의 대상으로서의 자연적인 법이 갖고 있는 가변성이다. 해와 달 그리고 별은 오늘날에도 수천 년 전과 똑같이 빛을 발한다. 장미는 오늘날에도 낙원에서 똑같이 피어난다.

그러나 법은 낙원을 잃어버린 이후 다른 법이 되었다. 혼인, 가족, 국가, 소유권은 극도로 다양한 형성과정을 거쳐 오늘날에 이르렀다. 소재의 가변성을 표현하는 더 잘 알려져 있는 명칭은 개별 법제도들의 진보적 발전이라는 명칭이다. 이러한 진보를 흔히 법의 특성이라고 주장하는 경향이 있고, 이러한 운동 자체를 그 내용이나 방향을 전혀 고려하지 않고 법의 본질로 격상시키기도 한다. 이러한 주장은 이 주장의 타당성과는 별개로 주목을 끌기에 충분하다. 왜냐하면 이러한 주장에 따른다면 인류는 이미 처음부터 진보를 향한 소질과 능력을 갖춘 최상의 유기체로 주어져 있어서 다른 어떤 존재보다도 훨씬 더 좋은 지위를 확보했다고 생각할 수 있기 때문이다. 인류가 각각의 상황에서 최상의 것으로 형성된 법제도를 갖게 되었다면 인류는 마땅히 이를 행복하게 여겨야 하지 않겠는가? 하지만 그렇게도 열망하던 재화를 얻기 위해 수백 년에 걸쳐 투쟁과 고난 그리고 고통을 감수해야만 했다는 사실에는 어떠한 성취와 행복이 담겨 있는 것일까? 그러나 이와 같은 우려는 진보를 주장하는 관점에서는 썩 중요하지 않다. 충분한 진보가 이루어졌고, 진보가 성취인지 아니면 결핍인지는 중요하지 않다고 여기기 때문이다. 단지 법이라는 대상의 운동이 과연 학문에 어떠한 영향을 미치는지가 중요한 물음이 될 뿐이다. 이 물음에 대해 어떻게 대답할 수 있는지를 의심할 필요는 없다. 대상의 운동이 학문에 미친 영향은 극도로 부정적인 영향이기 때문이다. 학문적 진리는 오랜 기간에 걸쳐 서서히 성숙하게 될 수 있을 뿐이라는 사실은 모든 학문의 본성에 속한다. 즉 학문은 모든 형태의 착오를 뚫고 나가야 하고, 학문이 밝힌 법칙은 수백 년에 걸쳐 수많은 학자들이 기울인 힘겨운 노력의 산물일 따름이다. 다른 학문분과의 경우 이처럼 오랜 기간에 걸쳐 있는 단계로 인해 학문이 손상을 입지는 않는다. 지구는 오늘날에도 천 년 전과 마찬가지로 태양 주위를 돌고 있고, 오늘날에도 플리니우스Plinius9)의 시대와 똑같이 나무가 자라고 짐승이 살아간다. 이들이 갖고 있는 본성과 힘에 관한 법칙이 오랜 노력을 거쳐 밝혀졌다 할지라도 이 법칙은 저 먼 시원의 시간 속에서와 똑같이 현재에도 그리고 앞으로 다가올 미래에도 여전히

---

9) Gaius Plinius Secundus Maior(23~79년). 로마의 행정가였고, 여러 분야의 저작을 남겼지만 그 가운데 특히 37권에 달하는 백과사전인 『자연사(Naturalis historia)』라는 저작으로 유명하다.

진리일 것이다. 그러나 법학에서는 사정이 다르다. 법학이 오랜 노력을 들여 마침내 진리인 개념, 즉 개념 형성의 법칙을 발견한 바로 그 순간 대상 자체는 이미 다른 대상이 되어 버린다. 법학이 진보적인 발전을 이룰지라도 학문은 대상보다 언제나 늦게 도착할 뿐, 결코 현재에 도달할 수 없다. 법학은 사막의 방랑자와 같다. 꽃피는 정원과 물결이 출렁이는 호수를 찾아 온종일 방랑을 거듭하지만 저녁이 되어도 그 정원과 호수는 아침과 똑같이 멀기만 하다. 괴테의 시대 이후 많은 것들을 개선하려고 노력했지만, 메피스토펠레스의 조롱[10]은 오늘날에도 여전히 진리이다. 그리스 국가는 이 국가가 이미 멸망한 후에야 제대로 파악되었다. 로마법의 엄격한 제도에 관한 학문은 만민법(국제법)이 로마법을 추방한 이후에야 비로소 완성되었다. 독일 제국헌법의 정신과 장점은 나폴레옹이 이 정신과 장점의 마지막 흔적을 제거한 이후에야 비로소 인식되었다. 바로 이 점이 법학이 고통 받고 있는 첫 번째 근원적인 해악이고, 이 해악으

---

10) 괴테의 『파우스트』 서막에서 메피스토펠레스는 다음과 같이 법학을 조롱한다. "법률과 법은 마치 영원한 질병처럼 끝없이 상속되고 세대에서 세대로 이어지지만, 유감스럽게도 우리와 함께 태어난 법은 전혀 문제로 삼지 않는다."

로부터 학문을 저해하는 수많은 결과가 발생한다.

법학이 고통 받고 있는 다음 번 해악은 법학 자체가 법의 진보에 대해 기꺼이 적대적인 태도를 취한다는 사실이다. 안락하고 익숙한 좋은 옛 집에서 사는 일은 해마다 살던 집을 떠나 다시 새 집을 짓고 적응하는 것보다 훨씬 더 편안하다. 그 때문에 학문이 진보를 따라갈지라도 학문은 현 시점에서 새롭게 형성된 것을 이미 죽어버린 형태에 관련된 익숙한 개념에 억지로 끼워 맞추려는 성향이 계속 남아 있게 된다. 이미 로마의 법률가들 역시 이러한 성향을 갖고 있었다.

즉 소권(actio)과 유사한 형태를 지칭하는 '목적에 기여하는 소권(actio utilis)',[11] 준불법행위(quasi delictum), 준계약(quasi contractus), 준소유(quasi possessio)[12]뿐

---

11) 로마법에서 actio utilis는 기존의 소권(actio)에 포함되지 않는 사례가 발생하면 요식(formula)을 변경해서 사례의 목적에 맞게 소권을 인정하는 경우를 지칭한다.
12) (예컨대 후견인인 경우) 실제로는 계약이나 불법행위가 없는데도 마치 의사표시나 불법행위가 있었던 것처럼 가정하고 계약 또는 불법행위의 존재를 인정하거나 소유권자가 아닌 자에게 소유권자의 청구권을 인정하기 위해 소유권을 가정하는 것. 현대의 법학이 즐겨 사용하는 의제(Fiktion)의 역사적 연원에 해당한다.

만 아니라, 초기의 엄격한 시대를 표본으로 삼아 후기에
는 자유롭게 법제도를 조율했다는 사실도 여기에 해당
하는 사례들이다.

독일의 법률가들은 더욱더 저열한 방식으로 현재를
과거에 끼워 맞추는 폭력을 자행했다. 즉 독일의 전통에
기초한 명예, 부권父權, 용역권, 신분질서 등은 이름이
같다는 것 말고는 아무런 공통점이 없고 대상 자체가 전
혀 다른데도 불구하고 로마법의 개념에 억지로 끼워 맞
추어졌다. 왜냐하면 이와 같은 대상들을 이런 식으로 처
리하는 것은 이 대상들을 그저 로마의 제도에 Usus
Modernus[13]로 추가하는 것 이외에는 아무런 의미도
없다는 것을 분명하게 의식할 수 있게 해주는 자유로운
학문적 견해가 존재하지 않았기 때문이다. 물론 독일의
법률가들이 수행했던 이러한 방식은 오늘날 명백한 오
류라고 비난을 받는 것이 일반적이다. 하지만 수백 년
동안 모든 학자들이 오류에 사로잡혀 있었다는 사실은
오류를 범한 이유가 문제 자체에 기인한 것일 수밖에 없

---

13) Usus Modernus Pandectarum. 11세기 이후 계수된 로마
법의 발전적 형태인 보통법(Ius Commune)을 17세기와 18
세기에 걸쳐 독일(네덜란드도 포함)의 각 지역 특수법과 결부
시켜 새롭게 해석한 관습법적 성격의 법률가법.

다는 것을 보여준다.

　로마법을 연구하는 학자들에게는 이와 같은 처리 방식이 오늘날에도 하나의 전범으로 서술된다. 그러나 이러한 태도는 가장 올바른 방법이란 어디에서나 — 따라서 당연히 법에서도 — 모든 새롭게 형성되는 것을 자유롭게 관찰하고 이 새로운 것 속에서 기존의 사고에 부합하는 것을 찾아내려고 골몰하지 않으며, 이로써 오로지 새로운 것 자체로부터 새로운 개념과 법칙을 생성해야 한다는 사실을 완전히 망각한 태도이다. 그렇기 때문에 어떤 법형성 이후에 이루어진 모든 법형성이 반드시 그 이전의 법형성으로부터 태동한 것은 아니다. 로마 국가의 초기 사법私法은 분명히 귀족과 성직자들이 민중에게 행한 끔찍한 독재의 산물이었다. 경직된 형식과 의식은 거래와 권리실현을 방해했다. 심지어 권리실현이 허용될지라도 정확히 어느 날에 이것이 이루어지는지를 민중들은 알 수 없었다. 공화정과 황제기를 거쳐 이루어진 전체 로마 사법의 발전은 이러한 속박으로부터 법이 점진적으로 해방된 결과이다. 이러한 발전경향에 거역하면서 로마의 법률가들은 고집스러울 정도로 현학을 늘어놓고 자유에 반하는 과거의 제도를 고집했으며, 과거의 제도를 핵심적 형식으로 설정함으로써 훗날의 법형성에도 강력한 영향을 미쳤다. 그 때문에 로마법의 전체 체계는 이러한 이중성과 모순으로 점철되어 있다. 즉 엄격한 형식과 자유로운 유동성이 극단적으로 대립하고, 문자에 집착하는 엄격성과 자유로운 형평이 대립한다.

대상이 갖고 있는 특성 때문에 학문이 봉착하게 되는 이러한 위험으로 인해 이미 학문은 과거의 법에 급급한 나머지 현재의 법을 완전히 망각한 채 현재의 법은 당당하게 그저 실무가의 기술적 작업에 맡겨버리는 잘못된 길로 들어선다. 많은 사람들이 뒤따를 수는 없지만 학문적 통찰이 가장 밝게 빛을 발하는 곳, 완전히 전도된 결과마저도 상식에 의해 반박될 수 없는 곳에서 학문적 밭을 일구는 일은 너무나도 유혹적이다. 역사법학은 이에 관한 생생한 증거이다. 역사법학의 거장들14)이 결코 중도를 걸을 수 없었던 것 역시 바로 그 때문이었다.

어쨌든 법학은 그 대상의 유동성으로 인해 과거에 대한 연구라는 엄청난 부담을 지게 된다. 그러나 현재는

---

14) 대표적으로는 구스타프 후고(Gustav Hugo; 1764~1844
년), 칼 프리드리히 아이히호른(Karl Friedrich Eichhorn;
1781~1854년), 프리드리히 칼 폰 사비니(Friedrich Carl von
Savigny; 1779~1861년)가 여기에 속한다.

그 자체만으로 정당성을 갖는다. 과거는 이미 죽었고, 그것이 현재를 이해하고 현재의 문제를 처리하는 수단일 때에만 가치를 갖는다. 대상의 본성이 이러한 우회로, 즉 흐릿한 안경을 필요로 한다면, 학문은 이에 순응하지 않을 수 없지만, 결코 이것을 행복하게 여기지 않는다. 자연과학처럼 법학도 직접적으로 대상에 다가갈 수만 있다면 법학은 훨씬 더 나은 학문이 될 수 있을 것이다. 과거의 지식과 형성이라는 이 무거운 짐은 최상의 능력과 힘의 상당부분을 앗아가 버린다. 더욱이 소멸된 법의 샘물이 메말라 있고 작은 물줄기로만 흐르고 있다면 해악은 더욱더 커진다. 수 세기에 걸친 노력과 헌신으로 쌓아올린 것일지라도 단 하루 만에 건물의 토대까지 파괴되고 양피지 한 장 남지 않는 날이 오지 않으리라는 보장이 없다. 오직 언어학만이 법학과 비슷한 상황에 처해 있다. 즉 언어학의 대상도 진보적 발전을 거듭한다. 그럼에도 불구하고 언어학은 법학보다는 훨씬 더 나은 입장에 있다. 왜냐하면 언어학의 대상으로서의 과거는 고문서와 고서를 통해 너무나도 풍부하게 남아 있고, 얼마든지 입수할 수 있기 때문이다.

계속해서 다른 학문과 비교해보면, 법이 지식뿐만 아

니라 감정에도 깃들어 있고, 법학의 대상인 법이 단순히 인간의 머릿속뿐만 아니라 가슴 속에도 자리 잡고 있다는 새로운 특성이 드러난다. 다른 학문의 대상은 이러한 추가적 특성으로부터 벗어나 있다. 빛이 에테르의 파동인지 아니면 빛의 분자들의 직선적 운동인지, 이성과 오성이 하나인지 다른 것인지, 4차 대수 등식이 직접적으로 분해될 수 있는지 여부 등은 매우 흥미로운 물음이지만, 감정이 사전에 이 물음에 대해 결정할 여지는 어디에도 없다. 이 물음들에 대한 이런 대답이든 저런 대답이든 언제나 환영을 받고, 오직 진리인 대답만을 요구할 따름이다. 이에 반해 법에서는 법적 진리를 탐색하면서 얼마나 많은 고통과 열정 그리고 당파성이 뒤섞이는가! 공법의 모든 물음들은 그러한 고통, 열정, 당파성으로 가득 차 있다. 헌법을 제정할 것인지 여부, 언론의 자유냐 검열이냐, 유대인을 해방시킬 것인지 여부, 장형杖刑을 형벌의 종류로 유지할 것인지 여부 등등 모든 물음은 입에 올리기만 해도 모든 사람의 가슴을 뛰게 만든다. 사법의 경우도 마찬가지이다. 기독교인과 유대인 사이의 혼인이 허용되어야 하는지, 무엇을 허용되는 이혼사유로 인정해야 할 것인지, 연장자상속

(Majorat)[15]을 허용해야 할 것인지, 수렵권을 해소할 것
인지[16] 등 사법의 영역 및 법과 관련된 거의 모든 영역
에서 감정은 학문적 탐구가 시작되기 전에 이미 특정한
대답을 하도록 결정을 내린다.

그러나 법이 갖고 있는 이러한 특성을 결코 법에 대
한 비난의 근거로 삼아서는 안 된다. 오히려 그 반대이
다. 즉 법이 갖고 있는 최상의 가치는 이러한 특성에 근
거한 것일 수 있다. 하지만 나의 연구에서 중요한 물음
은 오로지 법이 갖는 이러한 특성이 법에 관한 학문을
더 용이하게 만드는지 아니면 더 어렵게 만드는지에 초
점을 맞추고 있다. 학문의 연구가 이 특성으로 인해 더
욱 어려워질 수 있다는 점은 너무나도 분명하다. 감정은
어떤 시대 어떤 장소에서도 결코 진리의 기준이 될 수
없다. 감정은 교육, 관습, 직업, 기질의 산물이다. 다시

---

15) 봉건법질서에서는 귀족가문에 속하는 토지와 산림의 연속
성을 보장하기 위해 소유권자가 사망하면 연장자인 친족이 다
른 친족보다 우선적으로 상속권을 보유했다.
16) 봉건법질서에서 야생동물을 사냥하는 것은 귀족의 특권이
었고, 이로 인해 농민들이 커다란 피해를 입었다. 부르주아 계
급이 부상한 이후 아무런 보상 없이 수렵권을 폐지하거나 최소
한 일정한 대가를 지불하고 수렵권을 해소하는 것은 매우 중요
한 문제였다.

말해 감정은 우연의 산물이다. 한 민족에게 분노를 자아내는 것이 다른 민족에게는 환호의 대상이 된다. 따라서 감정으로 인해 진리의 탐색이 잘못된 길로 빠져들지 않으려면 무엇보다 이 성급한 동반자인 감정으로부터 벗어나는 것이 첫 번째 조건이다. 그러나 법에 관한 연구를 하면서 그렇게 할 수 있는 사람은 거의 없다. 설령 가장 강한 의지를 가진 사람일지라도 교육과 관습의 강력한 영향으로부터 완전히 벗어날 수는 없다. 그로 인한 결과는 어디에서나 감지할 수 있다. 즉 일상의 모든 중요한 문제들은 당파적인 문제가 되었고, 진리가 편견이 없는 연구자를 만나는 것은 이미 불가능하다. 학문의 거장들은 이러한 문제를 아예 제기하지 않거나, 문제를 제기할지라도 이미 어느 한쪽에 기우는 당파적 입장을 취한다. 설령 진리가 발견될지라도 격정은 진리의 목소리가 울리도록 내버려두지 않는다. 그렇기 때문에 법에서는 학문이 등장해서 진리를 자유롭게 찾을 수 있기 전에 먼저 평온을 가져다주는 힘을 가진 시간이 이 물음을 잠재워 이 물음을 건너뛸 수 있도록 해야 한다. 물론 그때까지 기다리면 대개는 이미 너무 늦은 때가 되고 만다.

바로 이 점에서 법학이 자연과학과 얼마나 차이가 있

는지가 분명하게 드러난다. 자연과학에서는 너무나도 조화롭고 평화로운 공존이 지배하고 있다. 한 학자가 발견해낸 것은 다른 학자에 의해 감사하는 마음으로 수용된다. 모든 학자들이 함께 힘을 합쳐 집을 짓는 셈이다. 누군가가 격정을 드러낸다면 그것은 단순히 명예욕과 교만의 발산일 뿐 대상 자체에 기인한 것이 아니며, 그 때문에 그러한 격정은 이내 사라지고 만다.

이와 같은 격정에 속하는 독특한 제도인 검열은 오로지 법이 감정과 결합한다는 사실에서만 그 자연적 토대를 찾을 수 있다. 다시 말해 법과 감정의 결합을 통해서만 검열은 이 제도를 반박하는 학문적 증거에도 불구하고 계속 살아남을 수 있었다. 오래된 선량한 풍속에 대한 공격, 신성하게 여겨지는 법에 대한 공격은 가슴에 분노를 불러일으킨다. 권력이 자신의 견해를 외적인 무기를 통해 보호하는 일은 극히 자연스러운 일이다. 검열을 통해 법학은 다시 또 하나의 새로운 사슬에 얽매이게 되고, 이는 오직 법학만이 겪는 일이다. 자연과학과 다른 모든 학문은 스스로를 보호할 수 있는 탁월한 특권을 보유하고 있다. 물론 학문적 연구의 자유는 법에 대한 연구에게도 허용되어야 하고, 다만 연구의 결과가 국민들에게 알려지는 것은 막아야 한다고 말한다. 하지만 이는 마치 건축가에게 "집을 그리고 채색할 수는 있지만, 지어서는 안 된다"고 말하는 것과 똑같은 짓이다.

학문의 대상들을 비교해보면 지금까지 살펴보았던 것보다 훨씬 더 선명한 결과를 낳는 법의 특성을 파악할 수 있다. 그것은 바로 실정법이라는 형태이다. 실정법은 존재와 지식의 중간쯤에 해당하는 형태로서 법과 학문 사이에 어중간하게 끼어들어 법과 학문 모두에게 해악을 미친다.

모든 학문은 법칙을 갖고 있고, 법칙은 학문의 최상의 목표이다. 하지만 모든 학문은 모든 시대에 걸쳐 진리인 법칙 이외에도 허위의 법칙도 갖게 된다. 그렇긴 하지만 학문이 밝힌 법칙이 진리가 아닐지라도 이것이 학문의 대상에 영향을 미치지는 않는다. 즉 지구는 설령 프톨레메우스가 반대되는 내용을 법칙으로 제기했을 때에도 계속 태양의 주위를 돌고 있었다. 영혼은 볼프 Christian Wolff[17)]와 칸트가 헤아릴 수 없이 많은 에너지로

---

17) 1679~1754년. 독일의 계몽철학자이자 법률가. 이성법적 자연법론의 핵심 인물로서 칸트의 법철학에도 커다란 영향을 미쳤다.

분해했을 때도 여전히 소박하고 단순한 상태에 머물러 있었다. 곡식은 설령 리비히Justus von Liebig[18] 이전까지 경제학에서는 반대되는 내용을 법칙으로 여겼을지라도 언제나 토지의 무기물질이 아니라, 공기로부터 양분을 공급받았다.

그러나 실정법의 경우에는 사정이 다르다. 즉 실정법은 폭력과 형벌로 무장한 채 법률 자체가 진리이든 허위이든 관계없이 법이라는 대상을 자신에 맞추라고 강제한다. 그리하여 자연적인 법은 자신의 진리를 포기하고 실정법에 굴복해야 한다. 다른 모든 영역에서는 지식이 존재 자체를 전혀 건드릴 수 없고 존재에 대한 깊은 존경심을 품고 뒤로 물러서는 반면, 법에서는 법률을 통해 이와 정반대되는 상황이 강제된다. 즉 지식은 설령 그것이 잘못되고 결함이 있는 지식일지라도 존재를 압도한다.

물론 그렇다고 해서 자연적인 법으로부터 실정법으로의 전환이라는 필연적 과정을 부정하려는 것은 아니

18) 1803~1873년. 독일의 화학자로 유기화학의 창시자. 식물이 땅으로부터 영양분을 공급받는다는 아리스토텔레스 이후의 정설을 뒤집었다.

다. 문화발전, 분업, 상황의 복잡성, 고정성과 확정성에 대한 수요는 모든 민족들로 하여금 실정법을 제정하지 않을 수 없도록 만들었다. 자연적이고 필연적으로 나타나는 모든 것이 그 이유만으로 곧 좋은 것은 아니다. 하지만 끝없는 탐색을 시도하는 인류는 잘못된 길로 빠져들 수 있으며, 이 잘못된 길에서 빠져나와 원래의 길로 돌아오는 것이 바람직하다면 얼마든지 그렇게 할 수 있다.

실정법이 자연적인 법에 비해 어떠한 단점을 갖고 있는지는 너무나도 잘 알려져 있다.

모든 실정법은 자연적인 법에 대한 앎의 정도에 좌우된다. 실정법의 상당 부분은 자연적인 법에 대한 학문이 시작조차 하지 않았던 시기에 성립했고, 또 다른 상당부분은 학문의 도움을 거부하기도 했다. 그 때문에 실정법의 내용이 진리인 것뿐만 아니라, 진리가 아닌 것까지도 많이 포함하게 된 것은 불가피한 결과이다. 이와 함께 자연적인 법이 실정법에 대항해 투쟁을 벌이게 되는 결과도 낳았다.

그렇지만 비록 내용이 진리인 경우라 할지라도 형식, 즉 실정법의 표현이 여러모로 결함이 있는 경우도 많다. 그로 인해 실정법은 흠결, 모순, 불명확성, 의문을 떠안게 된다.

실정법은 고정되고 경직되어 있다. 이에 반해 법은 지속적으로 앞을 향해 나아간다. 그렇기 때문에 실정법의 진리마저도 시간이 흐르면 거짓이 된다. 또한 그렇기 때문에 실정법을 새로운 실정법을 통해 폐지하는 것은 권력을 동원하지 않고서는 수행할 수 없다. 이 점에서 실정법의 폐지는 자연적인 법과 같이 지속적이고 부드러운 전환을 알지 못한다.

실정법은 추상적이다. 즉 실정법이 안고 있는 필연적 단순함은 개별적 현상이 갖고 있는 풍부하고 다양한 측면을 소멸시켜버린다. 그렇기 때문에 형평과 법관의 재량이라는 중간적인 형태를 필요로 한다.

실정법은 그 궁극적 규정성에 비추어 볼 때 노골적인 자의恣意이다. 성인이 25세부터인지 아니면 26세부터인지, 소멸시효가 30년인지 아니면 31년 6주 3일인지, 계약의 서면형식은 계약목적물의 가액이 50탈러 이상일 때부터 강제되는지, 형량이 어느 정도로 규정되어야하는지 등에 대해 도대체 누가 대상의 필연성으로부터 도출되는 대답을 줄 수 있다는 말인가?

끝으로 실정법은 그 자체는 아무런 의지도 갖고 있지

않은 탓에 누구든 언제든지 사용할 수 있는 무기라서, 입법자의 지혜를 위한 무기가 될 수도 있고 독재자의 격정을 위한 무기가 될 수도 있다.

이와 유사한 고찰은 우리 시대가 입법을 할 소명을 갖고 있지 않다는 사비니Friedrich Carl von Savigny[19]의 유명한 선언의 토대가 되고 있다. 물론 이러한 선언이 너무 멀리 나갔다는 비난을 받기도 했다. 하지만 나는 사비니의 오류가 너무 멀리 나간 것이 아니라, 충분히 멀리 나가지 않았다는 데 있다고 생각한다. 단순히 현재뿐만 아니라, 어느 시대도 사비니가 의미하는 입법에 대한 소명을 갖고 있지 않다. 학문에게 충분한 시간을 주기만 하면 학문은 현재에 도달하고 현재를 이해하게 될 것이라고 말하는 것은 친절한 기만이었을 따름이다. 법은 영원히 학문보다 앞서간다. 어떠한 실정법의 입법도 — 설령 천 년 동안 준비를 할지라도 — 앞에서 말한 해악을 피

---

19) 1779~1861년. 프로이센의 법학자이자 역사법학의 창시자. 1810년부터 새로 설립된 베를린 대학교 교수가 되었고, 민법전의 제정을 주장하던 티보(Anton Friedrich Justus Thibaut)에 대항해 입법이 시대적 소명에 해당하지 않는다는 반론을 펼쳐 두 사람 사이에 논쟁이 벌어졌다. 1840년 프로이센 법무장관이 되었고, 1848년 혁명과 함께 장관직에서 물러났다. 키르히만이 프로이센 최초의 검찰이 될 때 법무장관이었다.

할 수 없다. 그렇기 때문에 법학자에 대해 행할 수 있는 최상의 칭송은 그의 손에 입법권이 쥐어졌는데도 불구하고 어떠한 법률도 만들지 않았다는 칭송이다.

앞에서 밝혔듯이 자연적인 법은 실정법으로 인해 커다란 고통을 겪게 되지만, 실정법이 학문에 미치는 해악은 이보다 훨씬 더 심각하다. 왜냐하면 학문은 원래 진리의 사제였는데 실정법으로 말미암아 법학은 우연의 시녀로 전락하기 때문이다. 즉 영원하고 절대적인 것이 아니라, 우연적이고 하자가 있는 것이 학문의 대상이 된다. 그리하여 법학은 하늘의 영적 기운에 휘감겨 있다가 진흙탕에 빠지는 신세가 되고 만다.

하지만 나는 실정법이 전적으로 허위만을 내용으로 삼고 있다고 주장할 생각은 추호도 없다. 실정법의 상당부분은 진리이고, 아마도 일부만이 허위일 것이다. 실정법이 그 내용과 형식에 비추어 볼 때 자연적인 법의 진정한 표현인 한에서는 실정법은 학문 활동이 추구하는 것을 실현하고 달성한 셈이다. 학문의 목표 역시 오로지 법에 관한 진정한 법칙의 발견일 따름이다. 이 점에서 실정법에 관한 학문이 수행하는 작업은 오로지 설명과 해명의 작업, 즉 학교 선생의 작업에 국한된다. 그 때문에 실정법에 관한 학문이 진정한 법칙을 제대로 포착하지 못할 수도 있다는 것은 결코 놀라운 일이 아니다. 포괄적인 내용을 담은 법전이 편찬된 이후에는 왜 한동안 학문이 억압을 받게 되는지를 놀랍게 여기면서 그 이유를 찾으려고 하는 경우가 많다. 그러면서 학문을 억압하는 법전을 격렬하게 비난하곤 했다. 하지만 진실은 그 정반대이다. 즉 탁월한 법전을 편찬하는 데 성공할수록 법전은 학문 자체의 내용을 더 많이 담게 되고, 가장 정확한 형식을 갖추게 되며, 오직 학문만이 부여할 수 있는 것과 똑같은 내용과 형식을 갖게 된다. 그렇기 때문에 법전의 상당부분과 관련해 시간의 경과와 함께 법전으로 포착할 수 없을 정도로 법이 발전하게 될 때 비로소 학문이 다시 활동할 여지를 갖게 되는 것은 당연한 일이다.

그러므로 실정법 가운데 진리에 해당한 부분에 대해서는 학문은 딱히 해야 할 일이 없고, 학문이 다루어야 할 대상은 오로지 실정법 가운데 진리가 아닌 부분에만 국한되고, 그 때문에 모든 시대에 걸쳐 법학은 이 부분에 대해 온갖 탐욕과 정열을 쏟아 부었다.

그 많은 주석서, 해설서, 단행본, 문답서, 명상록, 논문, 법적 사례들은 도대체 무슨 내용을 담고 있는가? 이들 가운데 극히 일부분만이 자연적인 법을 대상으로 삼고 있을 뿐, 90퍼센트 이상은 실정법의 흠결, 불명확성, 모순을 다루고 있고, 실정법 가운데 진리가 아닌 것, 이미 진부해져 버린 것, 자의적인 것에 대해 서술한다. 입법자의 무지, 입법자의 실수, 입법자의 잘못된 격정을 대상으로 삼고 있는 것이다. 심지어 천재마저도 비이성과 몰이성에 봉사하기를 마다하지 않으며, 이 비이성과 몰이성을 정당화하는 데 자신의 날카로운 통찰력과 학식을 제공하는 것을 거부하지 않는다. 법률가는 실정법으로 말미암아 튼튼한 나무를 버리고 썩은 나무를 먹고 사는 벌레가 되고 말았다. 법률가들은 병든 나무에만 둥지를 튼다. 학문이 우연적인 것을 대상으로 삼게 됨으로써 학문 자체도 우연적인 것이 되고 말았다. 입법자가 세 단어만 바꾸면 도서관의 모든 책들은 휴지가 되고 만다.

가혹하기 짝이 없는 이러한 심판에 대해서는 당연히 상세한 증거를 제시해야 한다. 몇 가지 사례는 이에 관한 최상의 증거로 사용할 수 있을 것 같다.

폴란드 소송(Polenprozess)[20]에 법학이 관심을 갖는

---

20) 1847년에 프로이센이 재판을 공개하고 검찰제도를 신설한

이유는 무엇일까? 반역죄에 관한 「프로이센 일반란트법」의 개념정의에 하자가 있다는 것 말고는 법학이 관심을 기울일 이유가 없다.[21] 일정 지역 전체를 국가로부터 분리하는 것은 헌법질서를 전복하는 것과 유사하고, 당연히 자연적인 법에 반하는 내용이다. 하지만 실정법은 이러한 사례를 간과했고, 그 때문에 행정기관은 용어사전, 역사, 다른 나라 헌법의 도움을 빌려 극히 인위적인 구조물을 만들지 않을 수 없었다. 하지만 이 구

이후 열린 첫 번째 형사소송. 프로이센에 속했던, 오늘날의 폴란드 지역의 독립운동세력이 1846년 2월과 3월에 스타가드(Stargard)와 포젠(Posen) 지방에서 봉기한 행위를 프로이센에 대한 반역죄로 기소하고 베를린 법원에서 4개월에 걸쳐 재판이 진행되었다. 당시 판사였던 키르히만은 이 소송 때문에 프로이센 최초의 검찰로 임명된다. 피고인의 숫자만 해도 254명이었고, 이 가운데 8명은 사형을, 97명은 징역형을 선고받았으며, 나머지는 무죄 판결을 받았다. 사형은 집행되지 않았고 1848년 혁명 직후 징역형을 선고받은 자들과 함께 석방되었다.

21) 프로이센 일반란트법(Allgemeines Landrecht für die Preußischen Staaten)은 '반역죄'와 관련해 국가헌법에 대한 폭력적 전복 및 국가원수의 자유와 생명에 대한 침해행위라고 규정했기 때문에, 폴란드 소송에서처럼 국가영토의 일부를 독립시키고자 하는 운동이 헌법에 대한 폭력적 전복에 해당하는지를 둘러싸고 다툼이 있었다.

조물마저도 실정법이라는 똑같은 무기를 사용하는 방어행위에 의해 곧장 붕괴되고 말 것이다. 새로운 법률안이 마련해놓은 것과 같이 실정법을 더 완벽하게 만들기 위한 입법자의 세 마디 말이면 이 모든 것은 끝이 나고, 이를 위해 투입된 모든 노동은 높은 학문적 가치를 갖고 있음에도 불구하고 아무도 쳐다보지 않게 된다.

다른 연방국가의 검열관이 작가에게 인쇄를 허가한 사실이 프로이센에서도 효력을 갖는지에 대해 최근의 언론소송에서 제시된 철저하고 흥미로운 서술은 어디에 기인하는가? 당연히 이러한 서술이 이루어진 이유는 1819년 9월 20일에 발효된 연방의회 법률 제7조[22]의 불명확한 규정 때문이다. 그렇지만 이 서술은 사물의 본성, 즉 자연적인 법을 다루고 있는 경우에만 지속적인 가치를 갖는다. 물론 다른 내용도 그에 못지않게 학문적이긴 하지만, 올해 사건에 대한 판결이 선고된 이후에는

---

22) 이른바 칼스바드 의결(Karlsbader Beschlüße)로 불리는 프로이센 언론법은 제7조에 검열을 통과하지 못한 신문 또는 잡지의 편집자가 5년 동안 동일한 내용의 신문 또는 잡지를 발간하지 못한다고 규정했지만, 예컨대 라인란트나 바덴과 같이 프로이센 이외의 다른 란트(연방국가)에서 검열을 통과한 신문 또는 잡지에 대해 금지처분을 할 수 있는지에 대해서는 명문의 규정이 없었다.

아무도 읽지 않는다.

　2급 책임 또는 3급 책임이 존재하는지를 둘러싸고 법률가들은 수백 년 동안 논쟁을 거듭하고 있다. 그러나 자연적인 법에서는 이미 오래 전부터 이 문제에 대해 견해가 일치한다. 즉 자연적인 법은 그러한 숫자를 알지 못하며, 본질적으로 연속성을 갖는 대상에서 어떤 엄격한 분리선이 있다고 생각하지 않는다. 이미 회프너Ludwig Julius Friedrich Höpfner[23]는 법실무가 책임의 등급에 대해 묻는 것이 아니라, 책임이 존재하는지 여부만을 묻는다고 고백하고 있다. 그런데도 로마법에서 몇몇 명확하지 않은 부분과 맥락을 벗어난 언급이 있다는 이유만으로 수많은 학자들이 책임의 등급을 따지는 데 골몰한다.

　사망한 남자의 딸인 여자 상속인과 이미 상속포기를 선언한, 피상속인의 누이 가운데 누가 우선권을 갖는지[24]에 대한 저작들로 얼마든지 도서관을 가득 채울 수

---

23) 1743~1797년. 자연법론을 전개한 법학자로 기센(Gießen) 대학교 교수를 지냈다. 괴테의 친구로 괴테가 바이마르 궁정각료직을 제안했지만 거절한 적이 있다.

24) 남자들만으로 상속이 이루어지도록 할 목적에서 13세기부터 유럽의 귀족가문에서는 딸들이 상속을 포기하는 선언을 하는 의식을 거행하는 것이 일반적이었다. 그 때문에 상속을 할 수 있는 남자가 더 이상 없게 된 경우 사망한 남성의 딸들이 상

있다. 하지만 봉건법(liber feudorum)[25]에 이에 관한 짧은 조문 하나만 있었다면 여자의 상속권에 관한 모든 학문적 설명은 아예 세상의 빛을 보지 못했을 것이다.

내가 나의 주장을 뒷받침하는 사례들만을 의도적으로 찾아 제시한다는 인상을 불식시키기 위해 오늘 상급 법원의 판결집 가운데 가장 최근에 나온 판결집을 여기에 들고 왔다. 나는 미리 특정한 판결을 선택하지 않고 처음부터 책을 넘기면서 전원합의부의 판결들을 순서대로 살펴보고자 한다.[26] 각 판결에서 논의하고 있는 내용은 모두 풍부한 학식과 예리한 통찰을 보여주고 있고, 이 점은 그 이전에 나온 판결집들과 하등 다를 바가

속권을 갖는지 아니면 이미 상속포기를 선언한 딸(통상 사망한 남자의 누이)이나 그 후손이 상속권을 갖는지의 문제가 발생했다.

25) 12세기에 형성된, 장원제도에 관한 법전. 명칭은 법전이지만 논문, 여러 법률텍스트의 발췌, 관습법을 내용으로 삼았다.

26) 아래에 등장하는 판결 및 판결에서 쟁점이 되는 법적 문제들은 역사적 배경(예컨대 신분질서, 남녀차별, 장자상속, 도시법과 농촌법의 차이 등)을 감안할 때에야 이해할 수 있는 내용이다. 즉 오늘날에는 더 이상 의미가 없거나, 이미 입법적 및 이론적으로 해결된 문제들이다. 따라서 각 사례의 구체적 내용보다는, 키르히만의 논지를 이해하는 것이 더 중요하다. 이 점에서 관련된 법조문이나 사건의 배경을 간략하게만 지적한다.

없다. 하지만 이 탁월한 학문적 논의의 대상은 도대체 무엇인가? 절대적이고 진리이며 필연적인 것을 대상으로 삼고 있을까? 이 논의에 담겨 있는 학문적 연구는 학문이 요구하는 불변의 지속성과 무제한적 유용성을 갖고 있는 것일까?

첫 번째 전원합의부 판결에서는 법관이 글씨를 써본 적이 없는 계약 당사자가 계약서에 서명하기 위해 손으로 끄적거린 것을 소송상의 변론에서 서명한 것과 동일한 형식으로 보아야 하는지를 다루고 있다. 이 물음은 약 9페이지에 걸쳐 관련된 실정법상의 규정들을 논의하는 계기가 되었다. 하지만 이 물음을 둘러싸고 제기된 의문들은 모두 일반소송법[27])의 부칙을 편집하면서 실수를 저지른 탓이었다. 만일 1789년 12월 30일의 회람명령(Zirkularverordnung)의 규정들이 더 적절한 위치에 자리를 잡았고, 이를 통해 이 규정들이 자연스럽게 두 개의 변론과 관련을 맺을 수만 있었다면, 이 전원합의부의 판결 및 앞에서 언급한 논의는 결코 필요하지 않았을

---

27) 정확한 명칭은 'Allgemeine Gerichtsordnung für die Preußischen Staaten'(1793년)이다. 명칭과는 달리 민사소송에 관한 규정들만을 담고 있고, 형사소송에 관한 법률은 1805년에 별도로 제정되었다.

것이다. 하나의 오류가 이 판결의 대상이고, 부칙의 위치를 조금만 수정하면 판결의 학문적 의미는 완전히 사라지고 말 것이다.

두 번째 전원합의부 판결은 용익권자가 소유권자뿐만 아니라, 저당권 채권자에게도 물건에 결부되어 있는 채무의 이자를 지급할 의무가 있는지를 다루고 있다. 이 물음은 24페이지에 달하는, 철저하고 예리한 탐구의 대상이 되고 있다.

이미 오래 전에 6인의 법학자, 특히 보르네만Friedrich Wilhelm Ludwig Bornemann[28]과 코호Christian Friedrich Koch[29]가 이 물음을 연구의 대상으로 삼았다. 자연적인 법에서는 이 물음이 전혀 의문의 대상이 되지 않는다. 즉 물권의 본성은 보르네만이 명시적으로 인정하고 있듯이 인적 의무와는 아무런 관련이 없다. 이와 관련된 모든 의문은 전적으로 다음과 같은 일반란트법 제70조의 규정 탓이다.

---

28) 1798~1864년. 베를린 법원의 판사와 프로이센 법무장관을 지냈고, 프로이센 민법에 관한 중요한 저작을 남겼다.
29) 1798~1872년. 프로이센 법에 관한 다수의 저작, 특히 민사법과 소송법에 대한 저작을 남겼고, 일반란트법에 대한 주석서의 편집인이었다.

"용익권자는 물건과 결부되어 있는 채무의 이자를 지급하여야 한다."

만일 이 조문이 상급법원이 표현하고 있는 것처럼 규정되어 있기만 했다면 판결문의 예리한 연구는 필요하지 않았을 것이고, 거꾸로 입법자가 오류를 수정하기만 한다면 이 연구는 모든 가치를 상실할 것이다.

그 다음 전원합의부 판결에서는 부인의 소비대차에 대한 남편의 동의는 액수가 50탈러를 넘을 때에도 반드시 서면으로 이루어질 필요가 없다고 결정했다. 법률에 명시적으로 표현된 견해에 따른다면 이와는 반대되는 결정에 도달하게 된다. 왜냐하면 일반란트법 제133조[30]에 의하면 설령 일방적 의사표시일지라도 목적물의 가액이 50탈러를 상회하는 경우 의사표시의 효과가 장래에까지 영향을 미칠 때에는 반드시 서면으로 작성되어야 하고, 부부 재산에 관한 법에 대한 예외 역시 규정하고 있지 않기 때문이다. 오로지 형평, 즉 자연적인

---

30) 일반란트법 제1부 제5편('계약에 관하여') 제133조: "여타의 일방적 의사표시도 목적물의 가액이 50탈러를 상회하는 경우에는 이 의사표시의 결과가 장래에 영향을 미치는 한, 서면으로 작성되어야 한다."

법만이 이 규정과는 반대되는 내용을 요구할 것이고, 이점은 판결문의 마지막 부분에도 암시되어 있다. 그렇기 때문에 이 사건에서는 법률의 형식적 오류가 아니라 실질적 오류를 제거하기 위해 모든 예리한 통찰을 동원했고, 실정법의 틈새를 찾아 그 사이로 자연적인 법을 은밀히 끌고 들어와 효력을 발휘하게 만든 셈이다. 물론 판결문에서는 합의가 의사표시에 속하지 않는다고 보는 조금은 무모한 방식을 거쳐 이러한 틈새를 찾아낸다.

판결집의 네 번째 전원합의부 판결은 세 번째 판결과는 이상할 정도로 반대되는 내용을 담고 있다. 이 판결의 위치가 마치 우연의 함정인 것처럼 여겨질 정도이다. 즉 네 번째 판결은 공동재산에 속하는 물건을 남편이 처분하는 경우에 이에 대한 부인의 동의는 반드시 서면으로 작성되어야 한다고 결정하고 있다. 아마도 합의를 긍정하는 방향으로 결정한 이 판결과 합의를 부정하는 방향으로 결정한 세 번째 판결이 동일한 물음을 대상으로 삼고 있다고 생각할지 모르지만, 실제로는 두 사건의 차이를 찾아내기 위해 16페이지에 걸쳐 일반란트법과 보통법(gemeines Recht)[31])의 역사를 자세히 다루고 있다.

---

31) 12세기 이후 계수된 로마법과 교회법을 중심으로 법률가들

이 사례에서 단순히 일반란트법 제133조의 문언에 따라 결정을 내리지 않은 진정한 이유는 단지 이전의 사례에서 제133조를 해석한 결과를 구출하기 위한 것이었을 따름이다.

사물의 본성에 따른다면 두 사례는 간단하게 결정할 수 있다. 하지만 두 개의 판결을 위해 동원된 학식과 해석기술은 자연적인 법 및 자연적인 법의 규정을 지향한 것이 아니라, 실정법이 추상적 규율을 통해 자연적인 법에게 자행한 폭력을 제거하는 데 집중되었다.

뒤이은 전원합의부 판결은 다시 법률상의 표현이 명확하지 않은 문제를 다룬 것일 뿐이다. 판결의 핵심은 이미 여러 번에 걸쳐 법원, 법무부, 해석자들이 다루었던 물음이다. 즉 부권의 지배를 받는 자녀의 재산 가운데 특수한 담보가 설정되어 있고, 일반란트법 제169조[32])에 따라 아버지가 임의로 처분할 수 없는 '자산

에 의해 시대에 맞게 발전시켜 유럽 대륙, 특히 독일어권 지역에서 법적 효력을 갖고 있던 관습법의 통칭. 18세기 후반 그리고 19세기에 법전편찬에 의해 배제될 때까지 가장 중요한 법원(法源)이었다.

32) 일반란트법 제2부 제2편 제3장('자녀의 재산에 관하여') 제169조: "자녀의 자산 가운데 아버지가 아직 자신의 소유로 귀속시키지 않은 자산은 아버지가 자녀의 동의하에 자신의 재

(Kapitalien)'을 어떻게 이해해야 하는가라는 물음을 논의 대상으로 삼고 있다. 이 모든 다양한 논의는 전적으로 법전의 다른 어느 곳에서도 더 이상 규정되어 있시 않고, 해당 조문에서도 자세히 밝혀져 있지 않으며 프로이센의 저당권 구조의 원칙과도 합치하지 않는 개념인 '담보가 설정된 자산'을 법률이 규정하고 있다는 데 기인한다. 바로 그 때문에 여러 가지 의문이 제기되고, 법률가들의 논의는 이러한 의문을 제거하기 위한 것이다.

그 다음 전원합의부 판결 역시 단지 실정법을 자연적

산으로 수용하거나 여타의 방법으로 사용할 수 있으며, 아버지 자신을 자녀의 채무자로 설정할 수 있다. 단 자녀를 위해 해당하는 자산에 특별히 담보가 설정되어 있거나 해당 자산에 대한 아버지의 관리가 특별한 법률이나 법적으로 유효한 의사표시에 의해 제한되는 경우에는 그러하지 아니한다." 일반란트법은 자녀 소유의 자산은 아버지가 관리 또는 사용할 수 있다는 원칙에서 출발했지만, 이 조항의 단서조항에서 보듯이 자녀의 자산을 보호하기 위해 특별히 저당권이 설정된 경우 (예컨대 아버지가 해당 자산을 사용하면서 자신 소유의 토지를 담보로 제공한 경우)에는 아버지의 처분권을 제한하고, 후견법원의 결정에 따라서만 처분이 가능했다. 하지만 '자산'이라는 표현이 법률 전체에 비추어 명확하게 이해하기 어렵고, 담보를 제공한 자가 반드시 제3자이어야 하는지 아니면 자녀의 자산을 관리, 사용하는 아버지도 포함되는지를 둘러싸고 판례와 이론이 오랜 기간에 걸쳐 논쟁을 거듭했다.

인 법과 화해시키고 자연적인 법과 매개하려는 노력을 경주하고 있을 뿐이다. 익히 알려져 있듯이 프로이센의 대다수 지방의 농민들에게는 노년이 다가오면 농가재산을 자식들 가운데 한 명에게 양도하고, 이를 인수한 자식에게 다른 자식들이 혼인을 하거나 독자적으로 농가를 창설할 때에 아버지로부터 인수한 농가재산 가운데 일정액을 지불하도록 의무를 부과하는 것이 관습이다. 이 관습적 제도를 민중들이 이해하고 있는 의미대로 설령 아버지와 인수한 자식 사이에 계약을 체결할 때 다른 자식들이 계약 당사자로 포함되지 않았을지라도, 아버지가 명시적으로 반대하지 않는 한 자신들의 몫을 소송을 통해 청구할 수 있다는 사실에 대해서는 전혀 의문이 없다.

그러나 일반란트법은 불행하게도 이 제도를 간과했고, 그 때문에 이 사례와 관련해서는 제3자가 다른 당사자들의 계약을 통해 얻게 되는 이익은 이 제3자가 다른 당사자들의 동의를 거쳐 자신의 이익을 수용하고 계약에 '가입'한 때에만 소를 통해 주장할 수 있다는 제75조[33]의 일반규정만을 적용할 수 있을 뿐이다. 하지만

---

33) 일반란트법 제1부 제5편('계약에 관하여') 제75조: (제3자를 위한 계약) "제3자가 자신이 간접적이든 직접적이든 체결

이 일반규정을 적용하게 되면 농부들의 관습에 기초한 제도에 참을 수 없을 정도로 가혹한 결과를 낳게 되기 때문에 이미 오래전부터 제75조의 파괴적 영향으로부터 이 제도를 지키기 위해 어떤 식으로든 탈출구를 찾으려고 시도했다. 그리하여 의제(Fiktion), 반대해석, 승계 기대권 등과 같이 학문적 이론구성을 통해 실정법을 완화하려는 노력을 기울여 왔다. 이와 동일한 맥락에서 국왕법원은 단순히 이 역사적으로 오래된 제도를 구출하기 위해 이와 같은 이론적 보조 장치를 일반란트법에 적용할 수는 없고, 따라서 일반규정으로부터 벗어날 수 있는 새로운 탈출구를 찾아야 한다는 사실을 철두철미한 논증을 거쳐 증명하고 있다. 하지만 나로서는 이 새로운 탈출구가 과연 성공적인 탈출구인지 모르겠다. 이 판결은 아버지가 농가재산을 인수하지 않은 자식들의 대리인이고, 따라서 다른 자식들을 대신해 계약에 합의했다는 식으로 이론을 구성한다. 일반적으로 양도계약의 문언에서는 그와 같은 내용의 흔적을 전혀 찾아볼 수 없다는 사정은 별도로 하더라도, 아버지라는 동일한 사람이

에 참여하지 않은 계약에 따른 권리를 획득하기 위해서는 계약 당사자들의 동의를 얻어 계약에 가입해야 한다."

농가재산을 인수하는 자식을 위해 제안을 하고 동시에 다른 자식들을 위해 대리인이 되는 것은 사물의 본성에 반하고 또한 이로 인해 다른 자식들의 권리가 자연적인 법을 뛰어넘을 정도로 상승된다는 사정은 이 판결이 찾아낸 탈출구와는 모순된다. 왜냐하면 판례가 제시하고 있는 견해에 따른다면, 아버지 자신마저도 상속받은 자식이 다른 자식에게 지급한 대금에 대한 모든 권리를 상실한다고 보아야 하는데, 이는 이 제도의 본성에 비추어 볼 때 결코 그렇지 않다. 이렇게 볼 때 법전의 불완전성이야말로 이 모든 복잡한 학문적 노력의 원인이며, 이러한 오류를 상쇄하기 위해 예리한 통찰력과 학식이 쓸데없이 투입된다고 그저 한탄만 할 수 있을 따름이다.

판결집에 관한 이야기는 이 정도에서 그치도록 한다. 이 정도만으로도 법학이 거의 전적으로 몰두하고, 유감스럽게도 몰두하도록 강요당한 대상은 오로지 착오, 즉 온갖 형태의 오류일 따름이라는 나의 주장을 뒷받침하기에 충분한 증거를 제시했다고 믿는다. 이와 같은 작업은 너무나도 저열한 방식의 작업인 나머지 도대체 왜 그렇게 많은 사람이 기꺼이 이런 작업에 골몰하는지 참으로 놀라운 일이 아닐 수 없다. 아마도 어쩔 수 없는 상황

탓이라고 생각할 수도 있겠지만, 결코 학문의 품격에 부합하지 않는다는 것만은 틀림이 없다.

이에 반해 자연과학은 얼마나 높고 얼마나 고상한 곳에 자리 잡고 있는가! 오직 자연적이고 영원하며 필연적인 것만이 자연과학의 대상이다. 조그마한 풀잎까지도 그러한 품격을 갖추고 있다. 즉 모든 피조물은 진리이고, 자기 자신과 조화를 이루며 자의가 학문의 대상을 위조할 수는 없다.

물론 자연과학과 같은 학문도 착오와 잘못된 법칙을 담고 있긴 하지만, 천재의 빛나는 눈빛을 통해 마치 태양 앞에서 밤이 사라지듯이 착오도 사라지게 된다. 오로지 법학만이 더 탁월한 통찰을 제기하는데도 불구하고 수백 년에 걸쳐 착오에 봉사하고 비이성을 경배해야 하는 치욕을 겪는다.

그러나 법학이 겪는 고통은 이 정도에서 끝나지 않는다. 실정법의 엄격한 형식성은 법학에도 물밀듯이 밀고 들어와 법학이 풍부한 개별성을 인식하고 있을지라도, 개별성을 무시하고 거부하지 않을 수 없게 만든다. 실정법은 모든 고객에게 딱 세 개의 치수에 해당하는 옷만을 만들어주는 재단사와 같다. 그리고 법학은 착한 보조재

단사와 같아서 옷이 너무 꽉 끼거나 볼품없는 곳을 보고 주인(실정법)에 대한 존경심 때문에 가끔 주인 몰래 봉합된 곳을 살짝 열어 천 조각을 대는 일을 할 뿐이다.

실정법이 종국적인 결정을 내릴 때 발휘하는 자의도 학문의 영역에 침투한다. 형식, 기간, 훈시와 관련해 뚜렷한 경계를 자의적으로 설정하게 되면 법률을 극도로 섬세하게 편집할지라도 이러한 규정의 본성상 끝없는 의문의 원천이 된다. 그리하여 학문은 이러한 의문을 해결하고 자의를 체계에 끌어들여야 하는 달갑지 않은 과제를 떠맡게 된다. 모든 주석서는 이와 같은 형식적인 측면을 다루는 곳에 가장 많은 양을 할애한다. 로마법상 유효한 유언이 성립하기 위해 갖추어야 할 형식적 요건이나 여성이 보증계약을 체결할 때 전제되어야 할 경고와 주의 따위가 수많은 학문적 연구의 대상이 된다는 것은 어처구니없는 일이다. 공증인 앞에서 이루어지는 협상 과정의 형식에 관한 1845년의 새로운 법률[34] 역시 이 점을 보여주는 생생한 증거이다. 물론 이 신법을 편

---

34) 법률의 명칭은 '공증 이용 절차에 관한 법률(Gesetz über das Verfahren bei Aufnahme der Notariats-Instrumente)'이다.

집하면서 엄청난 주의를 기울였다. 하지만 지난 2년 동안 이 법률을 적용하면서 얼마나 많은 의문이 제기되었는가! 이러한 의문이 어떠한 종류의 것인지를 더 자세히 고찰해보면, 법학은 부끄러운 나머지 눈을 돌려야 할 정도이다. 제기되는 의문은 주로 다음과 같은 것들이다.

공증인 앞에서 이루어지는 협상은 하나하나 서면으로 작성되어야 하는가 아니면 미리 인쇄해 놓은 문서를 이용해서 항목을 채우는 것만으로 충분한가?

공증사안을 담당하는 공증인의 보조서기만이 증인으로 허용되지 않는 것인가 아니면 프로이센의 모든 공증인의 서기는 증인으로 허용되지 않는 것인가?

담당 공증인이 직접 글씨를 쓸 줄 모르는 당사자의 서명을 공증해야 하는 것인가 아니면 다른 제2의 공증인이 이를 공증해야 하는 것인가?

공증인이 단지 자신의 성명과 주소지에 대해서만 서명하는 것으로 충분한가 아니면 자신의 직위에 대해서까지 서명을 해야 하는가? 이와 같은 자질구레한 물음들과 다른 모든 것들이 전체 공증 협상이 무효가 될 위험과 직접적으로 관련을 맺고 있다. 이 점을 보여주기 위해 나는 얼마든지 올해 발간된 법무부 관보를 원용할 수 있다.

이와 같은 것들이 학문의 중요한 과제가 되고 말았다. 그러한 의문을 해소하는 것이 이제 법학의 소명이 된 것이다. 이 관점에서도 다른 학문들은 법학보다 얼마나 더 높은 곳에 자리 잡고 있는가? 다른 학문들의 대상이 갖고 있는 고도의 법칙성에도 불구하고 개별적인 것들이 풍부하게 발현되고 다양성을 갖고 있으며, 대상이 고도의 확정성을 갖고 있음에도 불구하고 그 어느 곳에서도 자의의 흔적을 찾아볼 수 없으며, 오로지 예외가 없는 필연성이 지배한다.

지금까지의 논의는 법학의 대상을 다른 학문의 대상들과 비교하는 것에서 출발했다. 하지만 나의 의도를 계속 추적하다보면 법학이 겪고 있는 또 다른 해악도 드러난다. 지금까지는 대상이 법학을 저해한다는 사실에서 출발했다면, 이제부터는 학문 자체도 대상을 자신의 형식 안으로 수용함으로써 대상을 파괴하는 힘을 발휘한다는 것을 알 수 있다. 마치 법학 자체가 대상이 드러내는 완강한 저항에 대해 대상의 본질을 파괴하는 형벌로 대응하고자 하는 것처럼 보일 정도이다.

법은 지식과 감정이라는 요소가 없이는 존재할 수 없

다. 민중은 구체적 사례에서 법이 무엇을 요구하고 있는지를 알아야 하고 사랑하는 마음으로 자신들의 법에 복종해야 한다. 법으로부터 이러한 요소를 박탈해버리면 법은 위대한 예술작품이 될지는 모르지만, 그것은 죽은 법일 뿐, 더 이상 법이 아니다! 법학이 자신의 대상인 법에 다가서게 되면 필연적으로 이러한 요소가 파괴되는 결과를 낳는다. 즉 민중은 자신들의 법에 관한 지식 및 법과의 밀접한 관계를 상실하게 된다. 그리하여 법은 특수한 신분의 전유물이 되고 만다. 이는 사물의 본성에 따른 당연한 결과이고, 역사는 이 점을 너무나도 분명하게 보여주고 있다. 이로써 법학은 자기 자신과 모순되는 상태에 빠진다. 즉 법학은 대상을 파악하고자 할 뿐인데도, 대상을 짓뭉개고 만다. 이러한 모순이 빚는 결과는 엄청나다.

이로써 법학은 자신의 자연적인 기반을 박탈당한 채 너무나도 쉽게 궤변, 쓸데없는 사변이라는 잘못된 길로 빠져든다. 끝을 모른 채 사소하고 자질구레한 것들이 등장하고 온갖 종류의 기이한 언어들이 난무하는 곳, 그것이 바로 수많은 법학 문헌들이 있는 곳이다.

입법이 오락가락 흔들리는 것 역시 한 가지 결과이

다. 즉 입법자는 무슨 실험을 하는 것과 같은 지위로까지 스스로를 격하시킨다. 1833년 이후 프로이센의 소송법 입법, 특히 상고제도에 관한 법률은 이에 관한 생생한 증거에 해당한다.

하지만 가장 끔찍한 해악은 법을 개별 사례에 적용할 때 나타난다. 비송사건을 관할하는 법원의 활동은 이미 요식문건과 온갖 종류의 허식을 통해 왜곡되어 있지만, 소송과 관련해서는 더욱더 강력한 변형과 왜곡이 발생하고 있다. 내가 여기서 소송이라고 말할 때에는 단순히 집행에만 관련되거나, 채무자의 지체와 악의에 대처해야 할 소송을 염두에 둔 것이 아니다. 이러한 소송은 결코 법적 분쟁이 아니고, 법학과 법관을 특별히 필요로 하지도 않는다. 문제는 법을 둘러싸고 다투는 진정한 의미의 소송이 법학의 파괴적인 작용으로 말미암아 국민들에게 단순한 조작이나 다른 모든 투기와 똑같은 종류의 투기로 전락하고 말았다는 사실이다. 그리하여 소송이 진정한 의미의 법을 실현한다고 볼 수 있는 어떠한 흔적도 남지 않게 되었다.

어느 누구도 누가 법의 편에 서있는지 알지 못한다. 내면의 목소리는 침묵한다. 변호인들에게 문의를 할 뿐이다. 그리고 단지 외적인 고려들, 즉 승소 가능성, 소송을 시도할 경우 소요될 고액의 비용, 소송에 소요되는 시간 등이 소송을 하려는 결단에서 결정적인 의미를 갖는다. 만일 승소하면 그건 좋은 일이고 투기에 성공한 것이 된다. 만일 패소하면 분별력 있는 사람은 폭풍 때문에 상당히 많은 양의 상품을 잃어버린 상인이나 정치적 격변으로 예측이 엇나가 버린 증권거래자와 마찬가지로 스스로를 위로한다. 그 어느 곳에서도 법의 흔적을 찾을 길이 없고, 자신이 당한 불법에 대해 분노하는 감정을 찾아볼 수 없으며, 법이 승리했다는 사실에 대한 당당한 자부심도 찾아볼 수 없다.

소송의 외적 진행과정은 이러한 견해를 뒷받침하기에 충분할 정도로 만들어져 있다. 심지어 법관이나 법학자마저도 주어져 있는 사례에서 무엇이 법적으로 옳은 것인지를 직접 알지 못한다. 먼저 두터운 법전과 먼지가 쌓인 주석서를 찾아봐야 하고, 모든 사람의 가슴에 뚜렷하게 새겨져 있어야 할 내용을 찾기 위해 인위적인 계산 과정을 거쳐야 한다. 1심에서 예리한 통찰력과 학식을 동원해 인위적으로 진리로 입증된 것은 다시 2심에서 똑같은 통찰력과 학식을 동원해 진리가 아닌 것으로 판명되고, 운이 좋을 때에만 3심에서 진리가 또 한 번 뒤집히지 않는다.

이 인위적인 계산, 학식으로 가득 찬 논리적 추론, 변덕스러운 선고 속에서 도대체 어떻게 국민들이 그들과 함께 태어나고 그들과 함께 성장한 법[35]을 인식할 수 있을 것이며, 모든 사람의 가슴 속에 신성하고 확고부동하게 쓰여 있어야 할 법의 명확한 선고를 어떻게 인식할 수 있다는 말인가? 그것은 불가능한 일이다. 사법司法은 법학에 의해 도박이 되고 말았다. 더욱이 법학에 의해 열정이 줄어들면서 그저 작은 전쟁을 치를 뿐이다. 평화는 낮은 열정으로 하여금 더욱 커다란 전쟁을 수행하지 못하게 만들어버렸기 때문이다.

보통 사람들의 언어도 이러한 상태를 잘 표현해주고 있다. 즉 자신이 겪고 있는 소송이 어떻게 진행되고 있느냐는 질문에 대해 농부는 소송이 여전히 공중에 붕 떠 있다고 대답한다. 이는 소송이 질질 끌려가듯이 진행되는 상황을 정확하게 표현하는 것이자 당사자가 이와 같은 소송을 전혀 이해할 수 없다는 표현이기도 하다. 이

---

35) 이 표현은 앞의 각주 10에서 보듯이 괴테의 『파우스트』를 인용한 것이다.

농부가 패소하게 되면 자신이 불법을 저질렀다고 말하는 것이 아니라, "내가 졌다"고 말한다. 그에게 패소는 우박이 밭을 망치는 것과 똑같은 성격을 갖는다. 즉 그건 불법이 아니라, 불행일 따름이다.

민중들이 알지 못하는 법, 민중들의 가슴을 채워주지 못하는 법, 민중들이 사나운 자연의 힘과 똑같다고 여기는 법, 이것이 곧 법학의 승리이다.

이러한 해악이 너무나도 큰 나머지 국가가 독립성을 갖게 되는 즉시 정부가 이 해악을 처리하려고 노력해야 할 정도였고, 해악의 흔적은 모든 시기를 관통하고 있다.

유스티니아누스 황제가 자신의 법전이 완성되자 이 법전에 대한 주석을 금지한 것도 이러한 맥락에 속한다. 물론 그 때문에 유스티니아누스는 학자들의 조롱거리가 되긴 했지만, 이 금지 자체는 법이 민중들의 법으로 유지되고 법을 학식으로부터 보호하고자 하는, 깊은 존경심을 표해야 할 소망에 기인한 것이었다. 이로부터 거의 13세기가 흐른 이후인 오늘날에도 우리는 프로이센 일반란트법의 공포훈령 제18조와 해당 법률의 서론 제47조[36]에서 다시 이 금지에 마주치게 된다.

---

36) 일반란트법 제47조는 당시의 다른 유럽국가와 마찬가지로

변호사 제도를 폐지하려는 프리드리히 대제의 계획[37])도 똑같은 근거에 기인한다. 하지만 그의 계획은 어중간한 조치였기 때문에 실패하지 않을 수 없었다. 그는 변호사뿐만 아니라, 법학교육을 받은 법관까지도 폐지했어야 했다.

법학으로부터 등을 돌린 프리드리히 대제의 정신은 그의 또 다른 업적인 일반소송법에도 관철되고 있다. 즉 정직하고 형평을 견지하는 법관의 자유로운 재량이 이 소송법의 원칙이지, 극도로 세세한 추상화와 계산을 통해 수행되는 학문의 규칙이 원칙이 아니다.

더 나아가 특히 화해를 권유하고 촉진하는 경향 역시 법학의 목적과 결과 사이의 이러한 내재적 모순에 기인한다. 민중과 정부 모두 이러한 경향을 보이고 있고, 실상을 제대로 모르는 법학 역시 순진하게도 이러한 경향

법관이 법률에 대해 의문을 가진 경우 입법자인 국왕 또는 국왕을 대신하는 입법위원회에게 제출해 결정을 받도록 의무를 부과했다. 이를 문의의무(Anfragepflicht)라고 부른다.

37) 프리드리히 대제는 변호사의 변론은 웅변술의 남용일 뿐이라고 보았고, 소송을 지연시키는 변호사들의 탐욕을 억제하고자 했다. 그는 좋은 법률을 만들게 되면 변호사들을 필요로 하지 않게 될 것이라고 생각했다. 물론 현실은 그렇게 되지 않았다.

을 따라가고 있다. 그러나 학문의 입장에서 보면 화해를 요구하는 경향은 학문 자신에게는 치욕이 아닐 수 없다. 즉 법학의 빈곤과 무가치를 보여주는 증명서인 셈이다. 어떤 두 사람의 수리계산이 서로 달라서 정확한 계산을 위해 찾아간 수학자가 정확한 계산을 하려면 너무 많은 시간이 걸리고 계산 자체도 불확실하기 때문에 차라리 두 사람이 화해를 하라고 권한다면 이 수학자에 대해 우리는 뭐라고 말하게 될까? 어느 부자가 마부를 고용하고, 이 마부에게 돈을 주면서 안락한 마차와 튼튼한 멍에 그리고 강한 말 두 필을 사도록 했다. 마부는 주인이 말한 대로 했고, 이제 이 부자가 마부에게 마차를 출발시키라고 말한다. 그런데 갑자기 마부가 말하기를 마차를 타고 가는 일은 위험하고 복잡하며 불안한 일이기 때문에 차라리 걸어가는 것이 낫다고 말한다. 주인은 이 마부를 쫓아내야 하지 않을까? 국민들은 화해를 권장하는 법률가들을 어떻게 해야 하는 것일까?

중재인들을 향한 저 열정, 모든 지방이 중재인의 영향권을 강화하고 확장하려고 기울이고 있는 노력은 앞에서 말한 해악을 막연하게나마 알고 있다는 뜻이고 판결을 법학을 배운 법관의 손에서 빼앗아 민중들에게 다시 되돌려주려는 노력이 아니고 무엇이겠는가? 한 마디로 말해 법을 법다운 법에게 되돌려 주려는 일인 셈이다. 이렇게 볼 때에만 돌팔이 의사를 처벌하고 법학의 돌팔이에게는 특권을 부여하는 모순을 설명할 수 있다.

배석판사가 비법률가인 상사법원, 공장법원, 마을법원, 학교법원을 설치하려는, 새롭게 깨어난 열정 역시 똑같은 맥락의 노력에 해당한다. 심지어 귀족지주들의 법원마저도 다른 경우에는 도저히 저항하기 어려운 학문의 공격으로부터 자신들의 법원을 지키기 위해 이와 같은 노력을 기울이고 있다. 어느 정도의 기간 동안 직무를 수행하면서 마을이나 촌락에 살고 있는 장원법관 (Patrimonialrichter)[38]이라면 자신이 번잡한 법학적 지식을 잊어버리고 재판을 위해 필요한 핵심적 원천을 단

---

38) 프로이센 일반란트법에 따르면 장원을 소유한 귀족은 장원의 이해관계에 속하는 사건에 대해서는 재판권을 행사할 수 있는 특권을 갖는다. 다만 귀족, 공무원, 성직자에 대해서는 장원과 관련되더라도 재판권을 행사할 수 없었다. 이러한 재판권은 귀족지주가 직접 행사할 수도 있었고, 타인에게 위임할 수도 있었다. 이러한 재판권을 행사하는 자를 Patrimonialrichter 라고 부른다. 'patrimonial'은 '가부장적'이라는 의미이지만 여기서는 '장원법관'으로 번역한다. 장원법관은 법학교육을 받을 필요가 없었으며, 세습도 가능했다.

지 자신의 가슴 속에 있고, 지역의 주민들과 같은 내용인 법감정에서 찾게 됨으로써 주민들이 희망해 마지않는 행복한 상태에 있다는 것을 빠른 시간 안에 깨닫게 된다. 농민들과 시민들이 가장 두려워하는 일은 화려한 법학적 학식과 법률지식으로 무장하고, 사례들을 너무나도 날카롭게 재단하는 젊은 초임판사가 자신들의 사건을 담당하는 법관이 되는 것이다.

배심법원의 설치를 주장하는 목소리 역시 같은 이유에 기초하고 있다. 물론 학문은 어떠한 경우에도 배심법원을 인정하지 않으려고 한다. 즉 배심법원의 장점을 어떻게든 다른 곳으로 옮겨놓으려고 온갖 예리한 감각을 동원한다. 하지만 배심법원을 요구하는 민중의 단순한 감각은 법학의 예리하고 섬세한 감각 따위는 모른다. 민중들의 감각이 ─비록 분명하게 의식하지는 못할지라도─ 배심법원을 통해 벗어나려고 시도하는 대상은 다름 아닌 법학이다.

따라서 이 모든 현상들은 동일한 이유에서 발생한 것이다. 국민들은 법학교육을 받은 법률가들에 대해 염증을 느끼고 있다. 국민들은 이미 법과 법학 사이의 모순을 느끼고 있고, 단지 이를 명확하게 통찰하지 못하고 있을 따름이다. 즉 이러한 느낌을 냉철한 사고로 전환할 자신감이 아직 결여되어 있어서 외부적 동기와 잘못된 동기로 인해 현상들을 정당화하고 있을 뿐이다. 하지만 명확한 인식에 도달하는 즉시 중재제도나 배심법원과 같이 아직은 단편적이고 흠결을 안고 있는 보조수단에 만족하지 않을 것이고, 법률가들을 성가시게 여기기는 매한가지인 정부도 기꺼이 도움의 손길을 내밀 것이다. 그렇게 되면 사실문제뿐만 아니라, 법률문제와 관련해서도, 형사사건뿐만 아니라, 민사사건과 관련해서도 사법司法을 민중에게 되돌려주게 될 것이다. 이렇게 해서 실정법이 축소되면 또 좋은 결과가 나타날 수 있다. 즉 실정법은 지침이 되는 원칙들을 명확하게 선언하는 내용에 국한되고, 이러한 원칙들을 더 자세히 세분화하는 적용 과정은 고통스러울 정도로 섬세한 형량 과정을 거칠 필요 없이 민중의 건전한 감각에 맡기면 된다.

나로서는 이러한 변화가 엄청난 불행을 몰고 올 것이라고 생각하지 않는다. 어쨌든 소송은 지금처럼 몇 달 몇 년이 걸리지는 않을 것이고, 자신의 정당한 권리를 실현하는 데 소요되는 비용 때문에 겁을 먹는 사람도 더 이상 없게 될 것이다. 또한 판결은 지금처럼 인위적으로

구축된 실정법의 규정들이나 법학적 논의를 통한 결과와 일치하지는 않을 것이고, 그 대신 오로지 민중 속에 살아 숨 쉬는 법의 의미에 따라 선고될 것이다. 이 살아 숨 쉬는 법이 자기 목소리를 내게 되면, 이러한 법이 순수하고 뒤틀림 없이 실현될 것이다. 이에 반해 살아 있는 법이 침묵하고 사건을 너무나도 복잡하게 만들어버리는 곳에서는 결국 어떤 식으로든 결정을 내린다는 것 또는 오랜 시간과 비용을 들이지 않고 결정을 내린다는 것만이 중요하게 된다. 상황이 이런 식으로 전개되면 결코 진리나 자연적인 법에 관해 말할 수 없다. 이와 같은 상황에서는 오랜 기다림 끝에 100권의 법률서적을 찾아 인위적으로 짜 맞춘 진리, 더욱이 동일한 문제에 대한 2심 재판을 견뎌내지도 못할 진리를 찾지 않는다고 해서 법학이 스스로를 한탄해야 할 이유는 어디에도 없다.

우리의 사법司法이 처한 상황에 대한 앞의 지적은 결코 상상의 산물이 아니다. 전체 국민은 법학을 배운 법률가와 실정법이라는 인위적 건축물 없이 살아왔고 성장해왔다. 특히 사법私法의 영역은 더욱더 그렇다. 그리스인들은 그들의 찬란함이 빛을 발하던 시기에도 법률가와 법학을 갖고 있지 않았다. 민중재판관들은 풍속이 신성함의 권위를 부여했던 법에 따라 재판했고, 이러한 법은 그들의 가슴 속에 울려 퍼지던 목소리였다. 그리스의 위대한 사상가였던 플라톤과 아리스토텔레스는 실정법의 해석, 실정법을 둘러싼 의문과 실정법의 불명확성으로 인한 사소한 다툼이 학문적 존엄을 가질 수 있을 것이라고는 전혀 예상하지 못했다. 이와 같은 것들은 플라톤과 아리스토텔레스에게 너무나도 부질없는 것이어서 전반적으로 상당히 실천적인 내용을 담고 있는 자신들의 저작 어디에서도 자세히 다룬 적이 없을 정도이다. 로마에서도 무역과 교통이 발달하고 사회가 상당히 복잡해졌다는 것을 부정할 수 없었던 황제기에 이를 때까지도 사법은 법학을 배우지 않은 법관들의 손에 쥐어져 있었고, 집정관 역시 원칙적으로 법학을 배우지 않은 공무원이었다. 집정관의 작품인 칙령의 규정은 오로지 자연적인 법으로부터만 유래한 것이었다는 점은 이를 증명하고, 법관들은 순전히 평범한 국민들로서 사실문제를 자신들의 단순명쾌한 감각에 따라 결정했으며, 법적인 문제와 관련해서도 오늘날의 로마법 교과서에 설명되어 있는 것과는 달리 집정관이 분쟁에 관해 지시한 내용을 담은 서면(formula praescripta)을 엄격하게 준수하지 않았다.

내가 예전에 지방법원장으로 근무할 때 약 200여 개의 법원을 방문해 감사를 한 적이 있다.[39] 그때 나는 단독판사의 게으름과 경솔함이 너무나도 창궐한 나머지 사법司法이 완전히 정지 상태에 빠져버린 수많은 사례를 직접 목격하게 되었다. 즉 제기된 소를 제대로 처리하지도 않고, 판결문도 작성하지 않으며, 저당권 등기부도 존재하지 않을 뿐만 아니라, 법원 서류들이라고 해봐야 제대로 정리도 되지 않은 채 이 구석 저 구석에 흩어져 있는 상태를 목격했다. 이 상태가 수년 동안 지속되었는데도 불구하고 관할 지역의 사람들이 더 가난해지거나, 그 지역이 다른 지역보다 황폐화되지는 않았다. 이 지역 사람들은 화해를 적극적으로 활용했고, 그 때문에 법관 대신 학교선생이나 촌장을 이용했다.

영국의 상황도 비슷하다. 영국에서는 의회가 제정한 법률이 많은 탓에 이러한 상황이 예외가 아니라, 원칙이다. 즉 영국에서 사법은 부자들의 사치품이다. 중요한 의미가 있는 지역법관(justice of peace)은 법학을 배운 법

---

39) 키르히만은 1834년 12월부터 크베어푸르트(Querfurt)의 법관으로, 1839년 5월부터는 토르가우(Torgau)의 법관으로 지방에 있는 법원을 순시하는 업무를 담당했다.

률가가 아니다. 하지만 이러한 상황은 영국이 지구상의 가장 강한 나라가 되는 데 아무런 방해가 되지 않았다.

지금까지 법학의 대상인 법 자체에 올바른 길을 가로막는 힘이 포함되어 있다는 점을 지적했고, 법학의 시작과 법학의 결과 사이의 모순에 대해서도 설명했다. 이제 다음과 같은 물음이 남아 있다. 즉 법학은 자신의 대상인 법을 사람들이 더 쉽게 접할 수 있도록 만들고 역사의 발전에 따른 부담과 고통을 완화하기 위해 어떠한 도구를 발명하고 어떠한 장치를 마련했는가?

다른 모든 학문들은 이와 관련해 너무나도 눈부신 기여를 했다. 여러 학문들의 창조는 기적에 가까울 정도이다. 이 점에서는 자연과학과 수학이 가장 높은 자리에 있다. 두 학문은 오대양과 땅속 깊은 곳에 이르기까지 인류에게 너무나도 많은 기여를 했다. 운하와 철도 그리고 전신은 공간적 거리를 거의 없앴고, 현미경은 극소 단위의 자연의 기적을 알 수 있게 해주었으며, 망원경은 천체공간을 밝혀주었고, 전등은 좋아하는 형태를 있는 그대로 보이게 만들었다. 다른 학문들도 자연과학이나 수학 못지않게 많은 기여를 했다. 심리학은 특히 교육 기술에 도움을 주었고, 강의방법을 개선했다. 기억술과

골상학도 나름의 기여를 했다.

이에 반해 법학은 도대체 무슨 업적을 이룬 것일까? 내가 법학의 업적을 찾기 위해 온갖 방향으로 열심히 탐색해서 찾아낸 것은 법률행위와 소송행위의 서식 그리고 경솔함을 예방하고 남용을 억제하는 데 도움이 된다고 하는 여러 가지 경고, 교시 또는 형식 따위이다. 그리고 마침내 흔해빠진 소송이 진행되는 건물에 도달하면 철저함과 학식으로 가득 차 있는 것을 발견하게 된다. 그야말로 모든 것이 이 건물에 들어 있다. 하지만 정작 삶에서 삶의 법에 도달할 수 있는 길은 찾아볼 수 없다. 이 정도가 법학자들 덕분에 우리가 갖게 된 것의 전부일 따름이다. 이에 반해 삶에서 진정으로 절실하게 필요하고 법을 발전적으로 형성해야 할 곳에서는 법학의 도움이나 법학의 지침을 찾으려고 노력하는 것은 헛수고일 따름이다.

각 시대마다 국민들에게 커다란 영향을 미치는 법적 문제가 있기 마련이다. 이 문제가 때로는 가족관계나 교회와 국가의 관계에 해당할 때도 있고, 때로는 개별 신분계급의 특권이나 다수 국가의 국제적 관계에 해당할 때도 있다. 이러한 문제를 둘러싸고 투쟁이 발생하고 서로 다른 입장을 가진 정파들이 생겨난다. 그 때문에 이러한 법적 문제는 과거에 형성된 것이 소멸하고, 새로운 형태의 법을 절실하게 필요로 하는 지점을 알 수 있게 해준다. 절대다수의 국민들은 새로운 발전이 시작되는 시점에서는 신중한 태도를 취한다. 이들 스스로가 상황이 불확실하다고 여기기 때문에 법학에게 문의하면서, 법학이 의문을 해소하고 막막하게만 보이는 발전과정을 인도해 줄 지침을 제시하리라 기대한다. 그러나 법학은 예나 지금이나 그렇게 할 수 있는 힘이 전혀 없다는 사실이 밝혀졌다. 법학은 결코 현재를 이해하지 못한다. 결국 여러 민족들은 스스로 의문을 해소하고 지침을 찾아내야 했다. 그 때문에 민족들이 목표에 도달하기 전에 어느 정파의 손에 휘둘리고, 지속적 발전이라는 가까운 길 대신에 격정으로 인한 잘못된 길이나 착오를 범하는 에두른 길을 거치지 않을 수 없게 되는 것은 결코 놀라운 일이 아니다.

역사는 모든 민족들에게 이 점을 분명하게 가르쳐주고 있다. 사법私法 문화에 침잠한 로마의 법률가들은 폭정의 충실한 시녀였다. 이들은 자유를 만끽하는 공화정의 법질서에 대해서든 전제주의 황제기의 법질서에 대해서든 똑같이 평정심과 철저함을 갖고 주석을 달았다. 이 거대한 제국에서 거래의 안전 때문에 선의취득자에 대한 보호와 함께 쉽게 인식할 수 있으면서도 동시에 탄력성이 있는 저당권 제도를 절실하게 필요로 했다. 하지만 로마 법률가들은 이 절실한 문제의 해결 대신 소유권의 소(rei vindicatio)[40]를 고집스럽게 유지했고, 특권이 추가된 저당권을 구성함으로써 법률가들 자신도 후견인에게 피후견인의 재산에 저당권을 설정해 대여하는 대신 그냥 땅에 묻어두라고 조언을 해야만 했다. 기독교에 의해 사법에서도 발생한 엄청난 변화를 로마 법률가들은 전혀 포착하지 못했다. 법학을 배운 적이 없는 입법자였던 유스티니아누스 황제는 이들 법률가보다 훨씬 높은 곳에 자리 잡고 있었다. 유스티니아누스와 훗날의 교황들이 비로소 사법에서도 새로운 정신이 힘을 발휘할 여지를 마련했다. 이 맥락에서 나는 소멸시효가 경과한 이후에도 선의(善意; bona fides)가 갖는 효력이나 임시점유의 소(possessorium summariissimum)[41]를 상

---

40) 로마 시민인 소유권자는 누구든 자신의 물건을 점유하고 있는 자에 대해 반환의 소를 제기할 수 있다는 원칙.

41) 분쟁을 해결하는 데 장기간을 소요할 것으로 예상되는 경우 다툼의 대상이 되는 물건을 임시로 점유자에게 귀속시키기 위

기시키고자 한다.

독일의 역사에서도 법률가들은 별반 나을 게 없다. 군주들과 국민들은 모든 위기상황과 모든 새로운 형태가 등장할 때마다 그들 자신의 이성으로부터 도움을 받지 않을 수 없었다. 프랑크족 황제가 왕권을 강화하기 위해 거대 영주들과 투쟁을 벌일 때 법률가의 자문을 받지는 않았으며, 종교개혁이 과거의 교회조직을 파괴하고 군주와 프로테스탄트 교회 사이의 새로운 법적 관계 및 교회권과 신도 공동체 사이의 법적 관계를 분명하게 밝히고 이를 새롭게 형성하는 문제가 대두되었을 때에도 법학이 진리에 부합하는 상태와 가장 합목적적인 장치를 밝히기 위해 등장했다는 이야기를 나는 들은 적이 없다. 법학은 군주와 종교개혁가들로 하여금 불확실한 상태에서 새로운 길을 모색하도록 내버려두었을 뿐이고, 법학의 이러한 실수로 인해 오늘날까지도 우리가 고통을 받고 있다.

우리가 살고 있는 세기에 접어들어 거래가 더욱 활발해지고 토지소유가 갈수록 분할되고 있는 상황에서는 더욱 단순한 형태의 저당권등기부가 절실하게 필요하

한 보조적인 권리구제수단.

다. 이와 관련해 최근의 프로이센 입법이 제공한 방법인, 분할가능 토지(Wandeläcker)[42]를 위한 유명한 법적 서식만으로는 충분하지 않다. 이 서식은 옛날 지방에서처럼 다수의 관리가 있을 때에만 활용할 수 있는 방법이다. 이 서식은 법관으로 하여금 매우 장황하고 기계적인 내용을 기입해야 하는 부담을 주고, 조금만 실수를 해도 대중과 법관에게 커다란 위험이 발생한다. 그럼에도 불구하고 이 문제와 관련해 법학은 법학을 배우지 않은 관리들이 민중재판소가 소멸한 이후 만들어낸 상사등기부와 채무등기부보다 더 좋은 방안을 제시하지 못하고 있다. 프랑스의 저당권등기부 형태는 결코 다른 형태가 아니지만, 프랑스의 저당권법이 갖고 있는 몇몇 하자를 제외하고는 현재까지 별로 어렵지 않게 이 제도를 수행할 수 있음이 증명되었고 현실적으로도 충분히 유용성을 갖는다고 밝혀졌다. 그 사이 프랑스에서는 토지의 분할 과정이 급속도로 진행되어 이미 독립된 토지의 숫자가 1억 2천 5백만 개가 되었는데도 저당권등기부 제도

---

42) 소유권자가 사망한 경우 상속인들에게 분할 상속이 가능한 토지. 이에 반해 농지는 장자와 같은 우선상속인 1인에게만 상속되었고, 그 이외의 형제자매는 여타의 재산을 분할 상속하거나, 상속인으로부터 보상금을 수령했다.

가 잘 운영되고 있다.

이와 같은 비판에 대해 이 문제가 법학에 속하는 것
이 아니라, 정치와 입법기술에 속하는 문제라고 반론을
펼쳐서는 안 된다. 법학이 자신을 정치와는 분리시키고,
이를 통해 법학은 새로운 형성과정이라는 소재를 제대
로 다룰 능력이 없거나 그저 새로운 형성과정을 따라갈
뿐이라고 선언하는 것이야말로 법학이 안고 있는 가장
커다란 문제에 해당한다. 이에 반해 다른 모든 학문들은
이러한 일을 학문의 본질적 부분이자 최상의 과제로 여
긴다.

법률가를 통한 법의 발전적 형성이라는 수많은 찬사
의 대상이자 교과서에서도 읽을 수 있는 내용은 아주 세
세한 구석에서 이루어지는 장난쯤으로 귀결되고 만다.
토대를 놓고 새 건물을 높이 쌓아 올리는 일을 법률가들
은 해내지 못한다. 하지만 건물이 완성되고 기둥이 이
건물을 튼튼하게 받치고 있으면 법률가들이 마치 까마
귀 떼처럼 몰려와 건물의 모든 구석마다 둥지를 틀고,
온갖 곳의 경계선과 단면의 각도와 길이를 측량하며, 이
고귀한 건물에 덧칠을 하고 끌질을 해대는 바람에 정작
군주와 민중들은 자신들이 애써 쌓아올린 건물의 제 모

습을 알 수 없을 정도가 된다.

이제 나의 과제의 마지막에 도달했다. 내가 제시하는 결론은 부정적이고 암울하기만 하다. 그 때문에 몇 마디 위로의 말로 나의 강연을 마쳐야 한다고 생각하는 것은 당연한 일이다.

지금이든 나중이든 면밀히 검토를 한 이후 나와 똑같은 확신을 갖게 된다면 문제의 필연성에 대한 통찰, 즉 어떤 개별 신분이 아니라 국민 전체에 영향을 미치는 실질적인 문제가 포함되어 있다는 통찰만으로도 이미 위로를 얻게 될 것이다.

나의 설명이 그저 피상적인 측면만을 건드렸거나 확신과 선입견의 나무를 건드렸을 뿐, 나무 자체를 완전히 뒤흔들지 못한 것이었다면 특별히 위로의 말이 필요하지 않을 것이다. 그러한 주관적 견해에 담긴 불후의 냉소주의만으로도 이미 인격의 경쾌함을 통해 문제의 심각성을 훌쩍 뛰어넘을 수 있도록 해줄 것이기 때문이다.

.

키르히만이 남긴 흔적을 따라

*

"입법자가 세 단어만 바꾸면 도서관의 모든 책들은 휴지가 되고 만다."

"법률가는 실정법으로 말미암아 튼튼한 나무를 버리고 썩은 나무를 먹고 사는 벌레가 되고 말았다."

"토대를 놓고 새 건물을 높이 쌓아 올리는 일을 법률가들은 해내지 못한다. 하지만 건물이 완성되고 기둥이 이 건물을 튼튼하게 받치고 있으면 법률가들이 마치 까마귀 떼처럼 몰려와 건물의 모든 구석마다 둥지를 틀고, 온갖 곳의 경계선과 단면의 각도와 길이를 측량하며, 이 고귀한 건물에 덧칠을 하고 끌질을 해대는 바람에 정작 군주와 민중들은 자신들이 애써 쌓아올린 건물의 제 모습을 알 수 없을 정도가 된다."

오늘날처럼 수많은 학문분과가 분화된 상황에서 특정 학문의 존재이유를 묻거나 그 학문에 대해 통렬한 비판을 가하는 것은 드문 일이고, 설령 그러한 질문이나 비판이 제기되는 경우가 있을지라도 대개는 국외자의 몫이지, 내부고발의 형태로 등장하는 일은 거의 없다. 이러한 사정을 감안하면 통렬함을 훨씬 넘어 거의 파괴적이라고 표현해야 마땅할 앞의 세 인용문이 어떤 법률가가 자신의 일용할 양식인 법학과 자신이 속한 직업집단에 대해 휘두른 예리한 칼의 언어라는 사실은 분명 당혹감과 궁금증을 불러일으키게 될 것이다. 더욱이 이 법률가의 삶이나 그의 손을 거쳐 탄생한 다른 저작들은 망각에 빠진 지 오래고, 오로지 이 도발적인 문장들만이 가끔씩 현재로 소환되어 때로는 법학과 법률가에 대한 염증의 증인으로, 때로는 법과 법학에 대한 과장과 착각의 전형으로 인용되고 있다면, 이 문장들을 누가 어떤 맥락에서 정신적 역사의 지평 속에 던져 놓았는지를 한 번쯤 탐색하고 싶은 욕구가 생길만도 하다.

내가 첫 번째 문장을 처음 들은 것은 1981년 법과대학에 입학해 수강한 법학통론 강의에서였다. 얼마 전 작고하신 김진웅 선생님이 이 강의에서 알려주신 버전은 이랬다. "입법자의 펜대가 옆으로 3도만 기울면 도서관의 법서들은 휴지가 된다." 아마도 일본 법학자들의 번안과정을 거쳐 조금 더 세련되게 표현한 버전이었던 것 같다. 그 이후 이 '험한 말'을 치기 어린 법과대학 학생으로서 종종 써먹었던 기억이 나고, 대학원에서 '법학의 학문성'에 관한 아르투어 카우프만Arthur Kaufmann과 칼 라렌츠Karl Larenz의 논문을 읽으면서 재회한 기억도 난다. 그러나 이 문장은 법학을 공부하려는 나에게 이미 일종의 방어기제를 만들게 했고, 그저 거대한 역사적 흐름의 어느 한 구석에서 일회적으로 발생했던 에피소드 정도로 치부했을 뿐, 탐색의 욕망 따위는 전혀 생기지 않았다. 1990년대 초반 독일로 유학을 가서 자브뤼켄 대학을 거쳐 프랑크푸르트 대학으로 왔을 때 법과대학은 내가 글로만 접하던 유명한 학자들을 직접 만날 수 있는 행운을 가져다주었다. 그들 가운데 내가 몇 편의 논문을 읽으며 도무지 감을 잡기 어려운 학자가 한 명 있었는데, 루돌프 비트횔터Rudolf Wiethölter 교수였다. 경제법과 법이론 전공자였는데 내 지도교수의 논문을 번역하면서 비트횔터의 법이론을 '정치적 법이론'으로 지칭하는 것을 보고 그의 몇몇 저작을 읽었지만 솔직히 그의 이론을 제대로 이해하지 못했다. 그 때문에 비트휠터 교수가 다른 교수와 공동으로 진행하는 세미나에 겁 없이 참석하는 만용을 부렸다. 세미나 전체주제는 기억에 없지만, 첫 번째로 다룬 주제가 '법학의 학문성'이었고, 주제를 써놓은 다음 줄에 이 유명하고 동시에 악명 높은 문장이 적혀 있었다. 물음표와 함께. 이제 어쩔 수 없이 이 문장이 등장하는 텍스트 전체를 읽어야 했다. 하필 아직 익숙하지 않은 옛 독일 활자 프락투어Fraktur로 되어 있어서 텍스트를 읽는 데 상당히 애를 먹었다. 뒤이어 저자 키르히만에 관한 다른 문헌도 꽤 읽었고, 무엇보다 키르히만이 내가 여러 권 갖고 있던 철학서적 시리즈인 『철학 도서관(Philosophische Bibliothek)』을 만든 사람이라는 사실은 의외였다. 단순한 법률가가 아니라는 걸 확인한 탓이다.

물론 그 이후 '키르히만'이 나의 학문적 과제의 한 부분이 된 적은 없고, 더욱이 『법학의 학문으로서의 무가치성(Die Wertlosigkeit der Jurisprudenz als Wissenschaft)』은 그 텍스트가 강연문이라는 사정 때문에 번역을 할 생각을 해본 적도 없다. 번역의 동기는 한참이 지나 내가 법학전문대학원과 일반대학원에서 법철학을 강의하는 현실 속에서 싹텄다. 이미 익히 알려진 사실이라 여기서 자세히 언급할 필요가 없지만, 로스쿨 시스템이 도입된 이후 학문으로서의 법학은 명백히 커다란 위기를 맞고 있다. 누군가는 "존재하지 않았던 것이 어떻게 위기를 맞을 수 있는가?"라고 더욱더 신랄하게 조롱할지도 모르지만, 아무튼 내게 이 현실은 내가 전공하는 학문을 넘어 나 자신의 정체성에 대한 심각한 도전으로 여겨진다. 위기의 징후는 법학전문대학원 학생들의 학습방식, 일반대학원의 황폐화, 판례실증주의 등등 여러 가지로 감지된다. 이 현실 속에서 키르히만의 텍스트를 다시 끄집어내 읽어본 것은 어쩌면 일종의 방어적 조건반사였는지도 모른다. 물론 "법학이 원래 그런 거다"라는 위로의 말을 건네받고 싶었는지 아니면 "법학은 이러한 비판을 무시해도 좋을 만큼 역사적으로 충분히 성숙했고, 다만 시대적 상황이 성숙을 감지 못하게 가로막고 있을 뿐이다"라는 냉철한 분석을 얻어내려는 의도였는지는 알 수 없다. 하지만 오랜만에 읽은 텍스트는 의외로 번역을 하겠다는 용기를 가질 정도로 신선하게 다가왔고, 마치 추억여행을 할 때 느끼게 되는 애잔한 경쾌함도 불러일으켰다. 그 이후 키르히만과 관련된 문헌들을 구할 수 있는 대로 그러모아 이 독특하기 그지없는 인물에 대해 더 많은 정보를 얻을 수 있었다. 특히 키르히만에 대한 연구 가운데 현재까지도 가장 포괄적인 내용을 담고 있는 단행본인 슈테른베르크Theodor Sternberg의 『키르히만과 그의 법학 비판(J. H. v. Kirchmann und seine Kritik der Rechtswissenschaft; 1908)』을 읽은 것은 커다란 도움이 되었다. 이제 내가 얻게 된 정보를 독자들과 공유한다는 의미에서 '해제'의 형식을 빌려 키르히만의 생애에 대해 조금은 긴 호흡으로 소개하는 것으로 키르히만을 둘러싼 나의 에피소드를 마감하고자 한다.* 우리 법학이 처한 현 상황에 대한 불만이 그저 나의 오만과 편견의 소치이기를 희망하면서 말이다.

**

율리우스 헤르만 폰 키르히만Julius Hermann von Kirchmann

---

* 번역 판본은 옛 동독의 대표적 법철학자인 헤르만 클레너 (Hermann Klenner)가 편집하고 부록을 덧붙인 『Julius Hermann von Kirchmann, Die Wertlosigkeit der Jurisprudenz als Wissenschaft(1990년)』을 이용했다. 클레너가 추가한 편집자 주는 역주를 붙이는 데 많은 도움이 되었다.

은 1802년 11월 5일에 작센의 메르젠부르크 근처의 샤프슈타트에서 아버지 에버하르트 아우구스트 폰 키르히만Eberhard August von Kirchmann과 어머니 샬롯테 베르거Charlotte Berger의 셋째 아들로 태어났다. 아버지는 작센의 군 장교였고, 작센이 프로이센의 일부가 된 이후에는 프로이센의 장교로 복무했다. 그는 1790년에 귀족작위를 받았고, 당시의 대다수 귀족처럼 작센의 오흐리츠와 크룸파 지방에 장원을 소유하고 있었다. 키르히만에게 아버지보다 더 강한 정신적 영향을 미친 어머니는 당시의 보통 여성과는 달리 매우 활동적이었고 로마법대전을 읽을 수 있을 정도로 라틴어에 능숙했지만, 가계에는 관심이 없어 키르히만이 어린 나이에 가정은 이미 파산상태에 가까운 형편이었다. 하지만 부유한 친척과 특히 큰누나와 매형의 도움으로 키르히만은 행복한 유년시절을 보냈다.

키르히만은 1820년부터 라이프치히 대학교에서, 1822년 11월부터는 할레 대학교에서 법학을 공부했다. 3차에 걸친 사법시험을 통과한 이후 키르히만은 1829년부터 나움부르크에 있는 고등법원의 사법관 시보로 근무했고, 1833년에 할레 지방법원의 형사법관이 된다.

1834년 3월 앙리에테 부테Henriette Butte와 결혼했다. 부인은 바이에른의 통계학 교수였던 빌헬름 부테의 딸로 당대의 예술가들에게 칭송을 받을 정도로 문학과 음악에 조예가 깊었고, 특히 같은 음악적 취향이 이들의 결혼을 이끌었다. 키르히만은 1834년 12월부터 크베어푸르트 법원장을, 1839년 5월부터는 토르가우의 법원장을 역임한다. 법원장은 통상의 법관 활동과 함께 하급지방의 법원과 장원법원(Patrimonialgericht)에 대한 감독 기능도 수행해야 했다. 법원장으로 활동하면서 키르히만은 토지등기부 시스템을 도입했고, 이 공로를 인정받아 받아 1844년에는 프로이센 훈장을 수여했다.

프로이센은 오래전부터 드높았던 개혁의 목소리에 뒤늦게 부응하기 위해 1846년에 형사절차를 전면적으로 개혁하면서 재판공개와 구두변론 제도와 함께 탄핵주의를 도입한다. 법관이 기소권까지 보유하고 있던 전통적인 규문주의로부터 벗어나게 됨으로써 기소를 담당할 검찰이 필요하게 되었다. 등기제도의 도입과 정착으로 이미 작센 전 지역에서 명성을 누리고 있던 키르히만은 1846년 10월 8일에 아우구스트 벤첼August Wentzel과 함께 베를린 형사법원에 신설된 형사소추기관을 지휘하는 검사로 임명된다. 프로이센 검찰제도의 탄생을 함께 하는 영예를 누린 셈이다. 그 당시 법무부장관은 역사법학의 창시자인 프리드리히 칼 폰 사비니Friedrich Carl von Savigny였다.

베를린에 입성한 키르히만은 1847년 늦가을(정확한 일자는 알려져 있지 않다)에 베를린 법률가협회에서 훗날 그의 이름과 떼려야 뗄 수 없는 관계를 맺게 된 '법학의 학문으로서의 무가치성'이라는 제목의 강연을 한다. 이 강연의 분위기를 슈테른베르크는 이렇게 전하고 있다.

"마음 속 깊은 곳에서 우러나오는 확신과 현란한 달변으로 키르히만은 사회적 명성을 누리고 있는 법률가들인 청중으로부터 열렬한 박수갈채를 받았다. 강연자의 이름을 보고 법학의 학문적 성격에 대해 자주 제기되곤 하는 비판이 법학을 잘 모르는 자들의 무지의 소치일 뿐이라는 것을 확인하고, 법학의 품격을 다시 한 번 찬양하는 내용의 강연을 들을 것이라고 기대했던 청중들은 강연이 기대와는 정반대로 자신들의 존립근거를 박탈하는 것이었음에도 불구하고 어쩌면 평소에 자신들도 은연중에 생각하긴 했지만 차마 입 밖으로 뱉지 못했던 내용에 열광하지 않을 수 없었다."

그러나 강연 다음 날 그렇게도 열광의 박수를 보냈던 자들이 고개를 저으며 키르히만을 공격하기 시작한다. 언론이 쏟아낸 찬사와는 별개의 일이었다. 이제 한 명의 철학자와 두 명의 법학자가 이단자를 처단하고 법학의 성벽을 방어하기 위한 작업을 시작한다. 그 사이 키르히만은 지인들의 권고로 강연을 책으로 출간했고, 같은 해에 이미 3판이 나왔을 정도로 커다란 반향을 불러일으켰다. 첫 번째 공격은 『법학의 변명(Apologie der Jurisprudenz; 1848)』이라는 제목으로 레츠락Carl Retslag 박사라는 무명의 철학자에 의해 이루어졌지만, 키르히만의 강연에 비해 수준이 턱없이 낮은데다 헤겔철학을 무분별하게 인용한 탓에 주목을 받지 못했다. 두 번째 공격에 해당하는 『법학의 학문으로서의 무가치성에 관한 검사 키르히만의 저작에 대한 비판(Kritik der Schrift des Staatsanwalts v. Kirchmann über: Die Wertlosigkeit der Jurisprudenz als Wissenschaft 1848)』은 저자를 밝히지 않은 채 출간되었지만, 이내 베를린 대학교 법과대학 교수인 루도르프Adolf Rudorff가 저자라는 것이 밝혀졌다. 하지만 루도르프의 비판도 반감을 토로하는 데 그치는 수준 낮은 팜플렛에 불과했다. 이에 반해 프로이센 제국의 대표적 이데올로그였던 슈타알Friedrich Julius von Stahl 의 『법학인가 국민의식인가? 검사 키르히만이 법학의 학문으로서의 무가치성에 관해 행한 강연에 대한 조명 (Rechtswissenschaft oder Volksbewußtsein? Eine Beleuchtung des von Herrn Staatsanwalt v, Kirchmann gehaltenen Vortrags über die Wertlosigkeit der Jurisprudenz als Wissenschaft; 1848)』은 평정심을 유지하면서 고전적인 법학의 방식에 따라 키르히만을 조목조목 비판했고, 그 수준은 — 키르 히만을 반박하는 것이 가능하다는 전제하에 — 탁월한 반박을 불러일으켰다는 점만으로도 키르히만의 강연이 성공적이었다고 말할 수 있기에 충분한 정도였다.

자신의 강연이 몰고 온 후폭풍에 대해서는 전혀 관심 을 갖지 못한 채 키르히만은 1848년 5월에 혁명을 거쳐 탄생한 프로이센 국민의회의 의원으로 선출되면서 정 치가로서의 삶을 시작한다. 그는 정치적으로 좌파그룹 에 속했다. 그 직전인 4월 10일 키르히만은 베를린 형사 법원에서 베를린 고등법원의 검사로 임명되었고, 임명 사흘 만에 예속된 계급에게 노동자 시위에 참여하라고 선동하다 붙잡힌 구스타프 슐뢰펠Gustav Schloeffel을 소요 죄로 기소하는 역할을 담당한다. 법원은 슐뢰펠에게 소요죄 미수를 이유로 6개월의 금고형을 선고한다. 담당 검사 키르히만은 6주의 징역형을 구형했는데, 좌파에게는 구형 자체가 실망의 근거로, 우파에게는 불과 6주의 징역형이 분노의 근거가 되었다. 특히 우파의 반응은 격렬했다. 결국 이 용감한 검사 키르히만은 1848년 7월에 베를린에서 500km 떨어진 라티보어(현재는 폴란드의 라취부시) 고등법원의 부법원장으로 '승진'하고 만다.

물론 키르히만은 권력의 압박에 굴하지 않았다. 그는 의사표현의 자유를 억압하는 법무부장관을 격렬하게 비판했고, 국민의회의 납세거부 결의에 동참했으며, 반동적 인사인 브란덴부르크 백작을 총리로 임명한 국왕에 항의하기 위한 대표단의 일원이 되었다. 혁명이 실패하면서 겪게 된 일련의 좌절은 키르히만으로 하여금 정치적으로 더욱 극단적인 길을 걷게 만들었고, 입헌군주정을 지지하던 기존의 입장을 바꾸어 국민주권의 지지자로 나서게 된다. 그 결과는 1850년부터 1867년 사이에 겪게 된 세 번의 징계절차였다. 그는 권력의 입맛에 맞게 판결을 선고하라는 압력을 거부했다는 이유로 1850년에 13개월의 정직처분과 급여의 반을 삭감하는 징계를 받았다. 4년 후에는 국민의회에서 납세거부 운동을 함께 했던 친구와의 만남을 술회한 신문 기고문에서 1848년의 혁명 이념을 아직도 생생하게 간직하고 있다고 서술한 내용이 법관의 충성의무를 위반했다는 이유로 경고를 받았다. 그 직후 라티보어에서의 법관 생활에 염증을 느낀 키르히만은 다른 지역으로의 전보발령을 신청했다. 하지만 법무부는 이 신청을 거부하고, 그 대신 학문연구를 위한 5년간의 휴직을 제안했다. 급여의 전액을 계속 지급하고, 다만 모든 정치활동을 멀리해야 하고 또한 정치적 선동에 연루될 가능성 때문에 베를린과 쾨니히스베르크에는 거주할 수 없다는 조건을 달았다. 키르히만은 이 제안을 받아들이고 프로이센을 떠나 드레스덴 부근의 농가를 구입해 이주한다. 1860년에 이 휴직은 다시 5년 연장되었다. 물론 5년 전과 똑같은 조건이 붙었다.

1861년 빌헬름 1세의 즉위와 함께 정치적 지형이 변하면서 키르히만은 다시 정치 무대로 복귀한다. 국왕의 군비강화 정책으로 인한 정치적 혼란으로 프로이센 의회가 해산되고, 의회를 다시 구성하기 위한 1862년 선거에서 키르히만은 라비토어가 속한 브레스라우(현재는 폴란드) 지방의 의원으로 선출되었고, 당연히 국왕에 반대하고 시민의 자유를 옹호하는 진보정당에 속했다. 1863년부터는 라티보어 항소법원의 부법원장이자 합의부 재판장으로서 법관직도 다시 수행하게 되었다. 그러나 1866년 2월에 베를린의 노동자협회에서 '자연의 공산주의에 관해(Über den Communismus der Natur)'라는 기이한 제목으로 행한 강연 때문에 그에게는 세 번째이자 가장 가혹한 징계절차에 휘말리게 된다. 100여 명의 프롤레타리아들 앞에서 행한 이 강연에서 키르히만은 노동자의 숫자를 줄이면 임금이 상승할 것이고, 따라서 노동자들은 혼인을 하더라도 자녀를 둘만 낳는 것이 좋다고 권고한다. 이미 오래전부터 키르히만을 눈엣가시 같은 존재로 여겨왔던 프로이센 관헌들은 더 이상의 관용은 불가능하다는 판단 아래 노동자들에 대한 그의 권고를 국가의 존립에 대한 중대한 도전이자 선량한 풍속에 대한 조롱과 경멸로 인식했다. 1867년 2월에 그가 20년 전에 행한 강연에서 '철두철미한 논증'을 펼쳤다고 칭송했던 국왕법원은 키르히만을 파면하고, 연금수령권을 박탈했으며 심지어 소송비용까지 부담시키는 징계를 결정했다. 그러나 반항적인 법률가이자 정치가를 최소한 경제적으로나마 파탄시키려는 정권의 의도는 실현되지 못했다. 물론 65세의 나이에 2,800탈러의 연봉이 일순간에 없어지는 것은 키르히만에게는 가혹한 일이었다. 정당의 동지들이 국민들의 성금을 모아 9만 탈러를 제공했지만 키르히만은 이를 거절하고, 자력으로 자신과 가족의 생계를 꾸려간다. 드레스덴 근처의 농장을 매각했고, 특히 주식거래에 능해 경제적으로 커다란 어려움을 겪지는 않았다.

이렇게 해서 1866년부터 이미 정직상태에 있었고, 1867년부터는 법관 직무를 금지당한 키르히만은 라비토어에서 베를린으로 이주해 10년 동안 진보정당의 의원으로서 적극적인 정치활동을 펼친다. 정치가로서의 키르히만은 법률가로서의 키르히만과 마찬가지로 확신을 가질 때에는 언제든지 자신이 속한 집단과도 겪는 갈등을 두려워하지 않았다. 1862년 비스마르크가 프로이센의 총리가 된 이후 가톨릭은 지속적으로 탄압 대상이었고, 1871년부터 진행된 이른바 '문화투쟁'은 명칭과는 달리 가톨릭 종교와 가톨릭 정치세력을 말살하기 위한 전술이었다. 키르히만 자신은 프로테스탄트였지만, 진보정당이 가톨릭에 적대적인 성향을 보이는 것에 크게 실망하면서 자신의 정당과 동지들에게 반동적인 비스마르크 정권과 은밀하게 야합하는 반자유주의적인 태도를 보인다는 격렬한 비난을 퍼붓는다. 이는 그의 정치가로서의 삶을 마감하는 계기가 되었다. 진보정당의 지원을 받지 못한 상태에서 제국의회 의원직은 1877년 1월에 끝났고, 더 이상의 출마는 불가능했다.

정치의 세계를 자의반 타의반으로 떠나게 된 키르히만은 조금도 공허함을 느끼지 않았다. 외부의 압력으로 법률가의 삶이 끝난 직후 이미 그의 정신은 다른 학문으로 이주했고, 더욱이 그가 '빵의 학문'인 법학을 배울 때부터 애착을 갖고 있던 학문이 삶의 중심이 되었기 때문이다. 즉 1868년부터 키르히만은 그 당시 독일의 어느 누구보다 더 열정적으로 철학을 대중화하는 과제에 몰두한다. 이제 갓 산업화의 혜택을 누리는 소비사회가 꽃피우기 시작한 프로이센에서 키르히만은 시대의 흐름에 걸맞지 않게 플라톤, 아리스토텔레스, 키케로, 베이컨, 그로티우스, 데카르트, 홉스, 칸트, 스피노자, 라이프니츠, 흄, 피히테, 슐라이어마허, 콩트의 저작들을 편집하거나 직접 번역해 일반 대중이 쉽게 접할 수 있는 판본을 출간한다. 책을 출간하면서 키르히만은 저자의 생애와 책의 내용에 대한 설명을 덧붙였고, 철학 학술지에 논문을 쓰기도 했다. 일흔을 넘긴 나이에 그가 편집해서 출간한 철학서가 이미 50권 가량이었고, 발표한 논문 편수도 30편에 달했다. 더욱 놀라운 일은 그가 아직 법관으로 재직하던 1864년에『지식의 철학 1권: 사고에 관한 이론(Die Philosophie des Wissens, Bd. 1: Die Lehre vom Vorstellen)』이라는 제목의 철학 단행본을 출간했고, 파면 다음 해인 1868년에는 두 권으로 된『실재론에 기초한 미학(Ästhetik auf realistischer Grundlage)』을, 1869년에는『법과 도덕의 기본개념(Grundbegriffe des Rechts und der Moral als Einleitung in das Studium rechtsphilosophischer Werke)』을 출간했다는 사실이다. 1868년부터는 오늘날까지도 일반대중들이 철학고전을 쉽게 접할 수 있는 시리즈로 유명한『철학 도서관(Philosophische Bibliothek)』을 창간해 책임 편집자를 맡게 된다. 또한 베를린 철학협회에서 행한 강연인『실재론의 원칙에 관하여(Über das Prinzip des Realismus)』가 1875년에 출간되었고, 1877년에는 19세기 말까지 교양서적 베스트셀러였던『철학문답(Katechismus des Philosophie)』이 출간된다. 키르히만의 철학에 대한 기여는 1878년에 베를린 철학협회 회장에 취임함으로써 사회적으로 인정받게 된다.

1880년 11월 5일 78세 생일에 키르히만은 그의 삶에 가장 고통스러운 순간을 맞이한다. 할레에서 판사 시보를 할 때부터 46년 동안 행복한 결혼생활을 함께했던 부인이 세상을 떠났다. 냉철하고 쉽게 감정을 드러내지 않던 키르히만은 슬픔에서 빠져나오지 못한 채 마지막 순간까지도 『철학 도서관』 시리즈에 출간될 책의 번역 작업을 하다 1884년 10월 20일에 폐렴으로 사망한다. 이것으로 법률가, 정치가, 철학자를 한 인간의 삶 속에 녹여 낸 흔치 않은 케이스는 적어도 생물학적으로는 종말을 맞이한 것이다.

**

키르히만의 철학적 사고를 여기서 자세히 언급할 수는 없다. 다만 1875년 철학자 하르트만Eduard von Hartmann이 키르히만의 철학에 대한 단행본에서 언급한 구절 하나를 인용하겠다.

  "키르히만은 오늘날의 철학자들 가운데 상당히 독특한 위상을 갖고 있다. 주로 대학에서 활동하는 전문 철학자들은 아마도 키르히만이 자신들의 집단에 속하지 않는다는 이유 때문에 키르히만의 놀라운 통찰력과 섬세한 분석 그리고 다양한 방면에 걸친 열정적인 연구를 제대로 주목하지 않는 것 같다. 하지만 그의 서술의 명료함과 자연적인 단순함은 마땅히 인정할 가치가 있다."

철학 저작에 비해 법률가 키르히만이 남긴 저작은 너무나도 빈약하다. 1847년의 강연이 책으로 출간되지 않았다면 그의 법학 저작은 강연을 한 1847년 초에 출간된 민사소송법 주석서와 1870년에 출간된 형법 주석서가 법과 관련된 저작의 전부였을 것이다. 게다가 이 두 권의 주석서는 키르히만이 법학의 학문성에 대한 신랄한 비판을 가할 때 가장 먼저 염두에 두고 있는 법학적 형식에 해당한다. 물론 법학의 학문성에 대한 키르히만의 깊은 불신은 상당히 순진한(naiv) 측면이 있다. 법학은 역사적으로 볼 때 이미 처음부터 어떤 영구불변의 진리에 대한 인식이 아니라, 실천적 현명함을 발휘하는 영역으로 여겨졌다. 서양에서 펼쳐진 의미론의 전통을 형성하는 데 결정적인 역할을 한 아리스토텔레스에 따르면 법에서 중요한 것은 이론적 인식(episteme)이 아니라, 윤리적 및 실천적 통찰(phronesis)이었다. 이 'phronesis'를 로마인들은 'prudentia'로 번역했고, 따라서 법학에 해당하는 영어 'jurisprudence'는 '법과 관련된 실천적 통찰' 쯤으로 번역할 수 있다. 다시 말해 법학은 참된 진리를 탐구하는 활동이 아니라, 실천적으로 올바른 결과를 빚어내기 위한 활동이다.

이러한 고전적 구별은 근대에 들어 자연과학의 발전과 함께 설득력을 상실한다. 즉 자연과학처럼 불변의 대상영역에 대한 법칙적 인식을 추구하지 않는 다른 모든 정신적 활동은 학문의 품위를 갖지 못한다는 견해가 압도하면서 이론과는 별개의 독자적 탐구영역으로 정착해 온 수많은 분과들이 '비학문적'이라고 낙인찍히는 시대가 온 것이다. 오늘날에는 더 이상 이와 같은 엄격한 이분법이 통용되고 있지 않지만, 프란시스 베이컨의 학문방법론을 신봉하던 시대에 살고 있던 키르히만에게는 대상의 가변성이라는 법의 운명이 곧 법학의 학문성을 의심하는 결정적 근거로 작용했다. 학문이 어떻게 생각하든 관계없이 꽃은 피고 지고, 지구는 태양을 돌고 있다는 진리를 인식하는 것만이 학문이라면 어제의 법과 오늘의 법이 다르고, 더욱이 얼마든지 법을 바꿀 수 있다는 전제에서 출발하는 실정법의 시대에는 법학이 학문이 될 가능성은 처음부터 존재하지 않는다.

자연과학적 방법론의 공격으로 인해 위기의식을 갖고 있던 철학은 19세기 말부터 자연과학적 사고의 독점을 거부하고 정신과학이나 가치과학 또는 규범과학의 독자성을 방어하는 데 상당히 많은 노력을 경주하지 않을 수 없었다. 이러한 노력을 거쳐 오늘날에는 불변의 대상에 대한 인식이 아니라, 역으로 대상을 '구성(Konstruktion)' 하는 것도 당연히 학문에 속한다고 생각한다. 예를 들어 형법학에서 등장하는 '원인에 있어서 자유로운 행위(actio libera in causa)'라는 개념은 이 개념에 해당하는 대상이 존재한다고 말하려는 것이 아니라, 특정한 사실을 실천적 목적에서 구성한 산물일 따름이다. 이 개념이 인식이 아니라, 구성이라는 이유로 학문적 성격을 박탈하려고 시도하는 일은 적어도 오늘날의 학문이론에서는 쉽사리 용납하기 어렵다. 심지어 자연과학마저도 — 하이젠베르크의 '불확정성 이론'이 보여주듯이 — 학문의 구성적 성격을 상당부분 수용하고 있다. 이러한 사정을 감안하면 대상의 고정성과 이 대상에 대한 인식의 확실성을 기준으로 학문적 성격을 재단하려는 키르히만의 입장은 분명 시대착오적이다.**

이와는 달리 키르히만이 당시의 법현실과 법학의 '참상'을 진단한 부분은 오늘날에도 상당부분 설득력을 갖고 있다. 무엇보다 민중들이 당연하게 생각하고 느끼는 법과 괴리된 입법과 법학, 진보에 적대적이고 기존의 이익만을 고수하려는 보수적인 법학, 경직되고 추상적이며 노골적인 자의에 불과할 뿐만 아니라, 독재자의 격정과 반이성을 위해서도 기꺼이 시녀노릇을 할 수 있는 실정법 등에 관한 키르히만의 통찰은 어쩌면 "예나 지금이나 세상은 별로 나아진 게 없다"라는 한탄을 자아내게 만든다. 실제로 이러한 내용은 법비판(Rechtskritik)이라는 이름을 달고 상당히 오래전부터 법철학적 성찰의 주제이기도 하다. 성찰의 한 자락은 다음과 같은 내용이다. 법률가들은 일반적으로 자신들의 결정이나 논증이 법의 논리에만 따를 뿐이어서 매우 중립적이고 비정치적이라고 생각하는 경향이 있다. 하지만 이 생각의

** '법학의 학문성'을 둘러싼 이론적 논의에 관심이 있는 독자에게는 최근에 발표된 논문인 이계일, "법학의 학문성에 대한 반성적 고찰", 『공법학연구』 제19권 1호(2018), 133~185면을 일독하길 권한다.

출발점인 법 그 자체는 결코 중립적이거나 비정치적이지 않다. 그 때문에 법률가의 생각은 현실을 은폐하는 이데올로기로 작용하기 십상이다. 실정법 자체가 정치의 퇴적물인 오늘날의 상황에서는 그렇게 될 가능성이 더욱 높다. 이 점에서 키르히만의 웅변은 법의 세계로부터 정치를 몰아내려는 것이 아니라, 법률가로 하여금 법의 정치적 속성을 뚜렷하게 의식하게 만들어서, 자신의 활동에 대한 반성의 폭을 넓혀야 한다는 열정적인 호소로 들린다. 2차 대전 직후 법과대학 학생들에게 읽히기 위해 키르히만의 강연을 새롭게 출간하려는 계획을 갖고 있던 라드브루흐Gustav Radbruch는 사후에 발간된 서문—책 자체는 라드브루흐의 이른 사망으로 출간되지 못했다—에서 키르히만의 강연에 대한 짧은 서술을 다음과 같은 문장으로 끝맺고 있다. 여기에 내가 더 이상의 말을 덧붙일 필요는 없을 것 같다.

"양심의 가책과 함께 하는 법률가만이
좋은 법률가가 될 수 있다."

지은이

율리우스 헤르만 폰 키르히만(Julius Hermann von Kirchmann)
1802년에 작센지방에서 태어나 라이프치히 대학교과 할레 대학교
에서 법학을 배웠다. 1829년에 사법관 시보로 시작된 그의 법관경력
은 1835년 크베어푸르트 지방법원장으로 이어졌고, 1846년에 프로
이센 최초의 검찰로 임명되었다. 정치적 이유로 법관직을 더 이상 수
행하지 못하게 되면서 여러 차례에 걸쳐 의회 의원으로 선출되었고,
정치 일선에서 물러난 이후에는 철학에 심취해 철학의 대중화에 기
여했으며, 여러 권의 철학 번역서와 저작을 남겼다. 1884년에 81세
의 나이로 생을 마감했다.

옮긴이

윤재왕
고려대학교 법과대학 법학과, 문과대학 철학과, 대학원 법학과를 졸
업했으며 독일 프랑크푸르트 대학교 법과대학에서 법학박사 학위를
받았다. 현재 고려대학교 법학전문대학원 교수(법철학, 법사회학,
법사상사 담당)로 재직 중이다.